Gerd Wolfgang Sievers

Nudeln, Nockerln, Spätzle ...

Teigwaren selbst gemacht

Leopold Stocker Verlag
Graz – Stuttgart

Umschlaggestaltung:
DSR Werbeagentur Rypka GmbH, 8143 Dobl/Graz, www.rypka.at
Titelbild: Bilderwerk, Wien

Bildnachweis: ©Francois Micheloud, FXcuisine.com (3).
Die übrigen Bilder im Innenteil wurden freundlicherweise vom Autor zur Verfügung gestellt.

Bibliografische Information Der Deutschen Bibliothek
Die Deutsche Bibliothek verzeichnet diese Publikation in der Deutschen Nationalbibliografie; detaillierte bibliografische Daten sind im Internet unter http://dnb.ddb.de abrufbar.

Hinweis: Dieses Buch wurde auf chlorfrei gebleichtem Papier gedruckt. Die zum Schutz vor Verschmutzung verwendete Einschweißfolie ist aus Polyethylen chlor- und schwefelfrei hergestellt. Diese umweltfreundliche Folie verhält sich grundwasserneutral, ist voll recyclingfähig und verbrennt in Müllverbrennungsanlagen völlig ungiftig.

Auf Wunsch senden wir Ihnen gerne kostenlos unser Verlagsverzeichnis zu:
Leopold Stocker Verlag GmbH
Hofgasse 5 / Postfach 438
A-8011 Graz
Tel.: +43 (0)316/82 16 36
Fax: +43 (0)316/83 56 12
E-Mail: stocker-verlag@stocker-verlag.com
www.stocker-verlag.com

ISBN 978-3-7020-1258-8

Layout und Repro: DSR Werbeagentur Rypka GmbH, 8143 Dobl/Graz
Druck: Druckerei Theiss GmbH, 9431 St. Stefan i. Lav., www.theiss.at

Inhalt

Vorwort

Für viele ihrer Fans ist es enttäuschend zu erfahren, dass der Ursprung der Nudeln nicht gänzlich kulturgeschichtlich gesichert ist. Fakt ist aber, dass es sich bei den Teigwaren um eines der ältesten Lebensmittel der Menschheit überhaupt handelt und dass diese nahezu weltweit in unzähligen regionalen Varianten genossen werden.

Ziemlich wahrscheinlich ist, dass die Nudeln zu unterschiedlichen Zeiten in unterschiedlichen Regionen und in unterschiedlichen Varianten – vollkommen unabhängig voneinander – erfunden worden sind. So haben Ausgrabungen ergeben, dass die Chinesen die beliebte Teigware schon vor mehr als 4000 Jahren kannten, aber auch die antiken Griechen, Römer und vor allem die Araber (Mauren) kannten Teigwaren, welche der heutigen Nudel bereits sehr ähnlich waren. Tatsache ist, dass die Technik des Konservierens von Teigwaren, insbesondere natürlich das Trocknen der Nudeln, von den Arabern stammt, welche das leichte und nahrhafte Nahrungsmittel als Wegzehrung für ihre ausgedehnten Karawanen mitnahmen.

Eng verbunden mit dem Begriff „Teigwaren" war schon immer Italien, welches heute als das Pasta-Dorado schlechthin gilt. Es ist kein Wunder, das dem so ist, denn das (über Sizilien und Süditalien in den Norden Italiens gekommene) preiswerte und leicht herzustellende Nahrungsmittel war der meist bettelarmen Bevölkerung Italiens sehr willkommen. Bis weit ins 19. Jahrhundert hinein war die Pasta ein ausgesprochenes Arme-Leute-Essen und wurde nahezu ausschließlich in den allerbilligsten Ausspeisungen angeboten. Die Nudeln, welche zum Grundnahrungsmittel der Italiener des 19. Jahrhunderts wurden, könnten wir heute wahrscheinlich nicht einmal riechen, denn die Pasta wurde in einer Lake mit

Knochen und Fett knuddelweich gekocht (nahezu breiartig) und anschließend mit Zimt und geriebenem Käse in Näpfe abgefüllt mit den Fingern gegessen. Diese Makkeroni, wie die Neapolitaner jene „Speise" nannten, waren der Albtraum der sogenannten „guten Gesellschaft" und für die immer einflussreicheren Kommunisten und Sozialisten die perfekte Volksnahrung.

Irgendwann machten sich dann findige Köche daran, die Pasta genießbarer zu machen, und lernten von den Franzosen den Garzustand „al dente" und auch das Kombinieren mit aromatischen Saucen. Immer feinere Gerichte wurden aus der ursprünglichen Pasta hergestellt, immer ausgefeilter die Rezepte und Herstellungsmethoden. Die „reichen" Norditaliener fügten dem Teig (sehr) viele Eier bei, während die armen Süditaliener bis heute kein Ei in ihren Pasta-Teig geben. Doch das Veredeln der Nudeln hat dazu geführt, dass bald auch die besseren Kreise Gefallen an der Pasta fanden und die Nudel heute in allen Bevölkerungsschichten Italiens gerne verzehrt wird.

Heute kennt man allein in Italien mehr als 600 verschiedene Nudelformen und es werden täglich mehr. Italien hat auch die größte Nudelproduktion der Welt und exportiert seine Pasta in aller Herren Länder – allein Barilla hat in Amerika einen Marktanteil von mehr als 20 Prozent!

Nördlich der Alpen liebt man Nudeln ebenfalls, aber in einer wesentlich besseren Qualität. Eine Teigware ohne Ei konnte sich bis in die Fün-

So dokumentieren venezianische Nudelhersteller, dass hier hausgemachte Pasta angeboten wird.

ziger-/Sechziger-Jahre kein Alemanne – Süddeutschland und Vorarlberg sind sicherlich die Zentren der Nudelliebhaber – vorstellen. Dann wurden Reisen nach Italien modern und damit auch die primitiven Spaghetti in der Küche. Bald fand die einfache Speise bei der Bevölkerung Gefallen, denn sie ist sättigend, preiswert und einfach zu kochen. Ideal also für Leute, denen das Essen nicht so wichtig ist.

Gott sei Dank haben sich unsere heimischen Nudelgrößen aber gehalten. Doch die Fehlmeinung, dass man Teigwaren mit möglichst wenig Ei-Anteil zubereiten kann, hat sich bei sparsamen Menschen und Köchen/innen – leider auf Kosten der Qualität – ebenfalls manifestiert. Ich persönlich kann dazu nur sagen: wer glaubt, dass Teigwaren mit wenig Ei genauso gut sind wie solche mit sehr viel Ei, ist selbst schuld! Je mehr Eier im Teig, desto besser die Nudeln – Ende. Da gibt es keine Kompromisse, denn Geiz ist niemals geil (in der Küche und beim Essen schon gar nicht). Ich persönlich gebe in meine Spätzle bis zu 15 Eier auf 1 kg Mehl und bereite meine Tagliatelle mit 8 Eidottern auf 500 g Mehl zu. Darum sei gleich zu Beginn des Buches festgehalten: nur Nudeln mit (möglichst) viel Eigehalt sind es wert, „Eierteigwaren" genannt werden zu dürfen. Und nur echte Eierteigwaren erfreuen den Genießer vollends.

Natürlich gibt es gute Hartweizengrießpasta, welche ohne Ei hergestellt wird, das ist schon richtig. Trotzdem wird diese geschmacklich niemals an eine perfekte Eierteigware heranreichen können und immer den Nimbus des „Arme-Leute-Produktes" haben. Darum wissen auch die guten norditalienischen Köche, denn in den Zentren des Genusses werden die feinen Sauce oder Edelprodukte wie Trüffel ausschließlich mit Tagliatelle, Bandnudeln und anderen Eierteigwaren serviert – und diese werden mit bis zu 12 Eiern pro kg Hartweizen hergestellt. Ja im Veneto kenne ich einen Produzenten, der für seine Bigoli sogar 12 Enteneier pro kg Mehl nimmt, weil diese „doppelt so groß" wie Hühnereier sind.

Übrigens: auch wenn man im Handel getrocknete Eierteigwaren zu kaufen bekommt, so schmecken diese immer noch am besten, wenn sie frisch und hausgemacht sind.

Eine Krönung erfahren die Teigwaren dann, wenn sie in aufwändiger Handarbeit zu kulinarischen Kleinoden geformt werden. Weil ich der Ansicht bin, dass dies die feinste Art ist, Teigwaren zu genießen, habe ich den Maultaschen, Kärntner Nudeln, Ravioli, Tortellini, Fagottini, Pelmeni, Dim-Sum, Wan-Tans und wie sie sonst noch alle heißen mögen einen prominenten Teil des Buches gewidmet. Es ist ohne Zweifel die hohe Kunst der Teigwarenherstellung, wenn man einen hauchdünnen Teig mit einer köstlichen Füllung versieht und dann zu wunderschönen Kleinoden formt, die optisch wie geschmacklich höchsten kulinarischen Ansprüchen gerecht werden!

Ravioli sind die gängigste und populärste Form der italienischen Teigtaschen.

Dieses Handbuch soll dazu dienen, dass Sie in Zukunft Ihre bevorzugte Teigware selbst herstellen können. Das Thema Teigwaren ist aber derart komplex und vielschichtig, dass dieses Buch nur einen Überblick über die vielfältigen Möglichkeiten der Teigwarenherstellung geben kann. Die endgültigen Rezepturen, welche Ihnen einerseits schmecken und welche sich andererseits verkaufen lassen, müssen Sie sich dann selbst erarbeiten.

Somit verbleibt mir nur, Ihnen viel Erfolg beim Herstellen der eigenen Teigwaren zu wünschen. Ich bin sicher, wenn Sie einmal Ihre eigenen Kreationen gefunden (und im Griff haben), dann werden Sie kommerziell hergestellte Teigwaren (vor allem im niederen Preisniveau) genauso kritisch betrachten wie ich. Denn: das Gute ist der Feind des Besseren.

Frühjahr 2010
Ihr
Gerd Wolfgang Sievers

Die Zutaten der Nudelherstellung

- **Allgemeines**
- **Die Mahlprodukte**
- **Das Ei**
- **Wasser, Milch und andere Flüssigkeiten**
- **Salz**
- **Kräuter, Gewürze, Gemüse und andere Zutaten für Farbe und Geschmack**

Alle Teigwaren bestehen zunächst einmal aus einem Teig, welcher zumeist mit einem Mahlprodukt aus Getreide und Wasser angerührt worden ist, natürlich aber auch aus anderen Zutaten (wie beispielsweise Bohnenmehl, Erbsenmehl, Körnern, Stärke, Kartoffeln etc.) bestehen kann. Neben Wasser und dem Mahlprodukt kann der Teig alles Mögliche enthalten, um seine Konsistenz, seinen Geschmack, sein Aussehen oder seine Kocheigenschaften zu variieren – am häufigsten wird ihm Ei zugegeben.

Egal aus welchen Grundzutaten man einen Teig bereitet – man sollte sich dabei über gewisse Parameter im Klaren sein, auf welche ich in dieser kurzen Einleitung eingehen möchte:

Allgemeines

Laut Österreichischem und Deutschen Lebensmittelbuch erfolgt eine grundsätzliche Unterscheidung zwischen Teig- und Eierteigwaren. Dies gilt auch für die Benennung „Nudel" oder „Eiernudel". Voraussetzung für die jeweilige Benennung ist der gesetzlich vorgeschriebene Eigehalt im Teig. In Österreich werden mindestens 90 g, in Deutschland mindestens 100 g Vollei benötigt, wenn von einer Eierteigware die Rede sein soll.

Ich habe bei den Titulierungen nicht immer streng darauf geachtet, dass die Nudel, die Teigware oder die Eierteigware richtig bezeichnet ist, weil das im Volksmund letztlich für gar nicht so wichtig genommen wird. Man muss das aber bedenken, wenn man seine Teigwaren etikettiert!

Wie bei jeder Lebensmittelproduktion gilt auch bei den Teigwaren der Grundsatz, dass nur aus hochwertigsten Rohmaterialien und Grundprodukten auch ein hochwertiges Endprodukt erzeugt werden kann. Dies gilt umso mehr, je weniger und je einfacher die Grundzutaten sind. Die modernste und neueste Technik wird nichts helfen, wenn Grieß, Mehl, Wasser oder Eier nicht die allerbeste Qualität aufweisen.

Die Mahlprodukte

Die Nudelproduktion umfasst viele verschiedene Variationen.

Aufgrund seiner guten Eigenschaften wird zur Nudelherstellung vor allem Hartweizen (Durum) verwendet, der als Grieß oder Mehl zusammen mit einer Flüssigkeit (meist Wasser) mit oder ohne Ei zu einem formbaren Teig verarbeitet wird. Doch die Nudelproduktion umfasst viele verschiedene Variationen, welche durch eine Änderung des Mahlproduktes, verschiedene Formen und Längen, Menge der Eizugabe oder der Zugabe von allerlei Farb- und Geschmacksstoffen erzielt werden können. Für eine längere Haltbarkeit wird der in Form gepresste Teig zumeist getrocknet, soll er frisch verwendet werden, kann er auch in Schutzgas verpackt oder tiefgefroren werden.
Das Grundprodukt Getreide macht das Herstellen der Nudeln zu einem dem Bäckerhandwerk ähnlichen Beruf, was sich auch daran erkennen lässt, dass viele italienische Bäcker gleichzeitig sehr gute Nudeln herstellen. Die größte Bedeutung bei der Nudelherstellung kommt sicher-

Hartweizen (Mitte); Stärkemehl, Hartweizenmehl, Buchweizenmehl, Roggenmehl und Maismehl (v.l.n.r.)

lich dem Hartweizen zu, an zweiter Stelle ist der Weichweizen zu nennen. Natürlich können Nudeln auch aus anderen Getreidefrüchten wie Mais, Reis, Hirse und Roggen hergestellt werden oder mit Körnern, wie Buchweizen, Amarant und Quinoa, welche aber nicht zu den Getreiden gerechnet werden.

Nudeln können auch aus anderem Getreide und Mehlen anderer Früchte hergestellt werden als aus Hart- und Weichweizen.

Da dem Weizen insgesamt gesehen die wichtigste Bedeutung zukommt, sollen hier ein paar grundsätzliche Eigenschaften des Getreides vorgestellt werden. Innerhalb der Getreideart wird botanisch anhand der Chromosomenzahl, welche durch Züchtung verändert wurde, unter anderem zwischen Brotweizen (Weichweizen), Hartweizen und Dinkel unterschieden. Der Hartweizen (auch Durum genannt) beinhaltet 28 Chromosomen, der Weichweizen weist 42 Chromosomen auf, der Dinkel ebenfalls.

Der Weizenkornaufbau umfasst im Groben die Frucht- und Samenschale, Endosperm und Keimling. Das Endosperm setzt sich dabei aus der sogenannten Aleuronschicht (umgibt den Mehlkern eines Getreidekorns und ist sehr ballaststoffreich) und dem Mehlkörper zusammen. Der Mehlkern macht etwa 82 % vom Getreidekorn aus, der Keimling rund 3 % und der Rest verteilt sich auf Aleuronschicht (etwa 8 %), Frucht- und Samenschale.

Der Mehlkörper eines Getreidekorns macht etwa 82 % des Getreidekorns aus.

Die Inhaltsstoffe des Getreidekorns unterliegen natürlichen Schwankungen und sind stark von der jeweiligen Sorte, Bodenbeschaffenheit, Witterung und der Pflanzenbehandlung abhängig und können daher nur mit durchschnittlichen Werten angegeben werden:

Inhaltsstoff	Anteil
Stärke	50– 60 %
Wasser	12–14 %
Eiweiß	9–12 %
Sonstige Kohlenhydrate	5–10 %
Fett	2 %
Rohfaser	1–2 %
Mineralstoffe	1–2 %

In den Randschichten und im Keimling sind vor allem die Mineralstoffe, Vitamine, Fette, Eiweiß und Ballaststoffe zu finden, während der Endosperm (Mehlkörper samt Aleuronschicht) die wertvolle Stärke und Eiweiß enthält.

Das Klebereiweiß (auch als „Gluten“ bezeichnet), welches als Speicherprotein im Mehlkörper eingelagert ist, ist entscheidend für die Backqualität des Weizens, welche sich durch ein gutes Gashaltevermögen aufgrund der Dehnbarkeit und Elastizität des Teiges auszeichnet. Das

Das Klebereiweiß ist entscheidend für die Backqualität.

Klebereiweiß von Weizen unterscheidet sich innerhalb der Weizenarten in Menge und Zusammensetzung. Hartweizen enthält mehr Gluten, dieses eignet sich weniger zum Backen, ist aber für die Nudelherstellung geradezu ideal, weil es sich günstig auf Form und Kochstabilität der Nudeln auswirkt.

Teile des Samenkorns	Funktion
Frucht- und Samenschale	Umschließen das Korn und dienen als schützende Hülle, die relativ viele Vitamine, Mineral- und Ballaststoffe enthält
Keimling	Beinhaltet die Blatt- und die Wurzelanlage, ist reich an Fetten, Vitamin E, Eiweiß und Mineralstoffen
Aleuronschicht	Besteht hauptsächlich aus Eiweiß, welches durch eine günstige Aminosäurezusammensetzung besonders wertvoll für die Ernährung ist
Mehlkörper	Besteht zum Großteil aus Stärke, beinhaltet aber auch das Klebereiweiß und Mineralstoffe. Der Mineralstoffgehalt nimmt im Mehlkörper von innen nach außen zu. Im Gesamten gesehen sind die Mineralstoffe aber in den äußeren Kornschichten lokalisiert – sie geben bei der Mehltypisierung den entscheidenden Hinweis auf den Kornausmahlungsgrad

Bezeichnung von Mehlprodukten

Die Benennung von Mahlprodukten geht auf den Feinheitsgrad der zerkleinerten Teilchen (Körnung) zurück. Grieß fällt als gröbere Fraktion wie Mehl in der Müllerei an. Für Hartweizen gibt es eine eigene, spezielle Einteilung (siehe bei Hartweizen), bei der zwischen „Hartweizengrieß grob", „normal" und „Hartweizenmehl" unterschieden wird.

Mehl hat den höchsten Zerkleinerungsgrad, Grieß fällt als gröbere Komponente an.

Mehl hat den höchsten Zerkleinerungsgrad und wird auch als „glattes Mehl" bezeichnet. Dunst als ein Mahlprodukt (ausschließlich aus Weizen) liegt mit der Körnigkeit zwischen Mehl und Grieß und ist auch als „griffiges Mehl" bekannt. Als noch gröbere Komponente fällt Grieß an, wobei es auch hier die Stufen „grob", „mittel" und „fein" gibt. Feiner Grieß wird in Süddeutschland als „Knödelmehl" und in Österreich als „doppeltgriffiges Mehl" bezeichnet.

Achtung

Die Feinheit der Mahlprodukte steht in keinem Zusammenhang mit den Mehltypen, was bedeutet, dass die Type 480 (Deutschland 405 oder 550) glatt oder griffig sein kann!

Ausmahlungsgrad und Typen

Wegen des inhomogenen Kornaufbaus entstehen bei einer schrittweisen Zerkleinerung des Getreides Vermahlungsprodukte mit unterschiedlicher Farbe (Helligkeit) und Zusammensetzung. Die Randschichten bewirken eine dunklere Farbe des Mehls. Das Innere des Mehlkörpers ist arm an Nährstoffen (außer Stärke) und das Protein (Kleber) von niedrigem biologischen Wert.

Der Ausmahlungsgrad entspricht der ausgemahlenen Menge Mehl aus 100 Teilen Getreide. Ein Ausmahlungsgrad von 70 % bedeutet beispielsweise, dass von der ursprünglichen Getreidemasse 70 % Mehl anfallen. Ein niedriger Ausmahlungsgrad bringt somit weniger Mehl und einen geringeren Aschegehalt, weil weniger Rand- und Schalenteile enthalten sind.

Die verschiedenen Mehltypen stehen in direktem Zusammenhang mit dem Ausmahlungsgrad, denn sie geben den mittleren Mineralstoffgehalt an. Dementsprechend hat ein Mehl mit der Typenbezeichnung 480 (gilt für Weizen in Österreich) einen mittleren Mineralstoffgehalt von 0,48 g (also 480 Milligramm) pro 100 g getrocknetem Mehl. Der Mineralstoff wird bestimmt, indem diese Mehlmasse verascht (verglüht) wird und die übrigbleibende Asche als unbrennbarer Mineralstoffanteil zählt.

Verschiedene Mehltypen stehen in direktem Zusammenhang mit dem Ausmahlungsgrad und geben den mittleren Mineralstoffgehalt an.

Die Mehltypenbezeichnung ist gesetzlich vorgeschrieben, wobei bestimmte Schwankungsbreiten des Mineralstoffgehaltes zulässig sind. Je höher der Ausmahlungsgrad, desto mehr Randschichten enthält das Mehl, umso höher ist der Mineralstoffgehalt und damit auch die Mehltype und desto dunkler ist die Farbe. Mehle mit einer niedrigen Typenzahl sind weiß und werden als „Auszugsmehl" bezeichnet.

Vollkornmehl muss die gesamten Bestandteile der gereinigten Körner einschließlich des Keimlings enthalten. Es hat keine Typenbezeichnung und die Körner dürfen an der Oberfläche gereinigt werden, damit Schmutzpartikel und Schadstoffe entfernt werden können.

Bei Vollkornmehl gibt es keine Typenbezeichnung.

Die wichtigsten Mehltypen in Österreich und Deutschland im Vergleich:

Weizenmehltypen in Ö	Weizenmehltypen in D
480 (Weizenauszugsmehl)	405 (Haushaltsmehl) 550 (Vielzweckmehl)
700 (Koch- und Backmehl)	812 (z.B. für helle Mischbrote) 1050 (für Mischbrote)
1600 (Weizenbrotmehl, Backschrot)	1600 (für dunkle Mischbrote) 1700 (Weizenbackschrot ((ohne Keimling))

Der Hartweizen

Der Anbau von Hartweizen ist eine Geschichte für sich. Spricht man heute mit alteingesessenen Vertretern italienischer Pasta-Produktionsbetriebe, so hört man immer wieder, dass es den wirklich guten Hartweizen gar nicht mehr gibt.

Hier sind sich – ausnahmsweise einmal – alle qualitätsbewussten Hersteller Italiens einig: der beste Hartweizen aller Zeiten wurde gegen Ende des 19. Jahrhunderts in der Ukraine erzeugt und bis heute gibt es nichts Vergleichbares!

Warum man in der Ukraine nicht daran denkt, diesen legendären Hartweizen zu rekultivieren, erscheint da unverständlich – ich bin sicher, dass das alte Saatgut auffindbar wäre.

Hartweizen wird in trockenen Anbaugebieten kultiviert.

Der Anbau von Hartweizen erfolgt in trockenen Gebieten, wobei nicht jede Hartweizensorte für die Nudelherstellung geeignet ist – einige qualitätsbewusste Hersteller bauen in Italien jedes Jahr dutzende verschiedene Hartweizengrieß-Sorten in verschiedensten Regionen an und wählen dann nach der Ernte nur die am besten gewachsenen und geeignetsten Sorten für die Produktion ihrer Pasta aus. So ist gesichert, dass die Pasta nur aus den besten Hartweizen erzeugt wird. Andere Edel-Label schwören auf die Qualität des kanadischen Hartweizens, weil dieser exzellente Klebereigenschaften aufweisen soll.

Hartweizen zeichnet sich durch harte Körner (Glasigkeit) und Gelbpigmente aus. Letztere verleihen den Nudeln eine gelbere Farbe, als wenn diese mit Weizenauszugsmehl zubereitet worden wären. Doch nicht alle Hartweizengrieß-Sorten verfügen über gleich viel Farbpigmente – das gilt es zu beachten! Die Glasigkeit ist im Vergleich zum Weichweizen optisch leicht erkennbar durch ein hornig-transparentes Endosperm (Nährgewebe des Samenkorns) und verleiht der Nudel einen guten Biss.

Die Stärkequalität wird anhand der Fallzahl oder des Amylogramms bestimmt.

Die Stärkequalität wird im Labor anhand der Fallzahl oder als Amylogramm bestimmt. Eine gute Nudelqualität hängt vom Proteingehalt (der bei 13 % liegen sollte) und vor allem von der Beschaffenheit des Klebers ab, welcher mit dem sogenannten Glutenindex ausgedrückt wird. Als dimensionale Größe sollte er mehr als 70 betragen. Der Kleber des Hartweizens hat eine andere Zusammensetzung als jener von Weichweizen und liegt auch vom Gehalt her wesentlich höher, was sich wiederum positiv auf seine Kocheigenschaften auswirkt und ihn zum „König" der italienischen Pasta macht.

Der Hartweizen (Durum) wird nach dem Grad der Zerkleinerung wie folgt eingeteilt:

Mahlprodukt	Teilchengröße
Hartweizengrieß grob	mindestens 50 % zwischen 0,5 und 1 mm
Hartweizengrieß normal	mindestens 50 % zwischen 0,125 und 0,71 mm
Hartweizenmehl	mindestens 50 % zwischen 0,09 und 0,25 mm

Hinweis

Um, was die Qualität des Produktes betrifft, sicher zu gehen, sollte man sich von jener Müllerei, bei der man seinen Grieß kauft, eine Produktbeschreibung einholen, in der so wichtige Punkte wie allgemeine Beschaffenheit, chemisch-physikalische Anforderungen, Zusatzstoffe, Pestizide oder Anforderungen bis hin zur Verpackung, Lagerung und Haltbarkeit enthalten sind.

Finden sich dunkle Teile der Kornschale im Grieß wieder, so spricht man von Stippigkeit (Dunkelfleckigkeit). Im gröberen Grieß sind diese augenscheinlicher und auch die Nudeln zeigen bei genauerer Betrachtung kleine Flecken. Dies ist aber lediglich eine optische Angelegenheit und hat nichts mit der Qualität des Produktes zu tun, sofern die Fleckigkeit nicht von Schwärzepilzen (können bei feuchter Witterung oder ungünstigen Lagerverhältnissen auftreten) verursacht worden sind.

Schwärzepilze treten bei feuchter Witterung oder ungünstiger Lagerung auf.

Achtung

Es gibt im Handel Pasta aus Hartweizengrieß, welche damit wirbt, nach dem Abgießen nicht mehr nachzugaren. Von diesen Qualitäten rate ich grundsätzlich ab. Perfekte handgemachte Pasta wird immer etwas nachgaren – und das ist wichtig, damit sie sich ideal mit der Sauce vereint!

Weichweizen

Bei der Herstellung von Nudeln aus Weichweizen (meist Typ 405 [(D)] oder Typ 480[(A)] muss eine Qualität wie zum Brotbacken gegeben sein. Die Kocheigenschaften werden durch die Verwendung von Weichweizen anstelle von Hartweizen nicht wesentlich beeinflusst, sofern man die Teigwaren richtig kocht – also bissfest!

Weil aber viele Haushalte und leider auch Restaurant-Küchen diese immer wieder viel zu lang kochen (aus zuwenig Sorgfalt beim Nudelkochen), kam es dazu, dass Hersteller von Nudeln aus Hartweizengrieß und Eiern behaupten konnten, ihre Teigwaren seien „bissfest" , wenn sie auch überlang im Wasser gekocht wurden. Ich kann diese Behauptung nicht bestätigen, denn ich habe beim Test von mehr als 100 Produkten keines gesehen, das nicht bereits nach wenigen Minuten des Zu-lange-Kochens viel zu weich und damit ungenießbar war.

Noch unzutreffender aber ist die Behauptung der Hersteller von Weichweizennudeln, welche tatsächlich meinen, dass diese Nudeln geschmeidiger und auch bei zu langem Kochprozess nicht matschig würden – das ist natürlich genauso Unsinn.

Nudeln aus Weichweizen fühlen sich etwas geschmeidiger an.

Einzig richtig ist, dass sich Nudeln aus Weichweizen etwas geschmeidiger anfühlen, und weiters, dass „al dente" gekochte Nudeln aus Hartweizengrieß rustikaler schmecken und dass sich Weichweizen leichter verarbeiten lässt.

In beiden Fällen muss die Qualität top sein und in beiden Fällen muss man die optimale Kochzeit einhalten!

Durumgrieß und Weichweizen gemischt

Hartweizen gibt der Nudel den Biss und Weichweizen macht sie geschmeidig.

Hartweizengrieß und Weizenmehl zu mischen, macht zuweilen Sinn. Hartweizen gibt der Nudel Biss und Weichweizen macht sie geschmeidig. Bei handgefertigten Produkten ohne maschinellen Einsatz lässt sich der Teig leichter verarbeiten.

Welches Mischungsverhältnis von Vorteil ist, muss im gegebenen Fall ausprobiert werden. Die gängigsten Mischungsverhältnisse sind 70/30 (Durum/Weichweizen) für maschinelle Produktion, 50/50 (Durum/Weichweizen) für halbmaschinelle Produktion und 30/70 (Durum/ Weichweizen) für rein manuelle Produktion.

Weizenvollkornmehl

Weizenvollkornmehl – egal ob es sich um Durum oder Weichweizen handelt – hat den Vorteil, dass man alle Inhaltsstoffe eines ganzen Getreidekorns der Ernährung zugänglich macht. Durch die Zugabe von Eiern wird die Wertigkeit solcher Nudeln noch erhöht. Nachteil ist die Optik, denn diese Nudeln sind nicht „dottergelb", sondern eher „bräunlich".

Ein Nachteil der Vollkornnudel ist die Optik.

Das ist insbesondere für die Direktvermarktung von Bedeutung, weil es einerseits sehr wohl die Zielgruppe der Vollkorn-Fans gibt, andererseits aber auch viele Käufer die „unschönen" Vollkornnudeln (meist nur aus rein optischen Gründen) ablehnen, wenngleich man an dieser Stelle auch bemerken muss, dass sich Vollkornnudeln im Mund gröber anfühlen. Geschmacklich sind keine gravierenden Unterschiede festzustellen – manche italienische Pastahersteller sind mittlerweile sogar in der Lage, eine Vollkornpasta herzustellen, die beinahe so wie die traditionelle Form schmeckt.

Unbestritten sind die ernährungsphysiologischen Vorteile von Vollkornnudeln.

Dinkel

Dinkel ist vor allem ein Produkt, das in der vegetarischen Nudelküche Vorteile bietet, weil der hohe Glutengehalt auch Erzeugnissen ohne Ei einen gewisse Formstabilität und Geschmeidigkeit verleiht. Gute Kocheigenschaften können daher auch mit einem Teig erzielt werden, welcher nur aus Dinkel und Trinkwasser erzeugt wurde.

Aufgrund des hohen Glutengehalts kann man Dinkelnudeln auch ohne Ei erzeugen.

Farblich sind Dinkelnudeln braun und meiner Meinung nach nicht wirklich ansprechend, ein dunkleres (und damit zumindest intensives Braun) ergibt sich bei Nudeln aus Dinkelvollkornmehl, zudem ist ihr Geschmack intensiver.

Buchweizen

Buchweizen ist kein Getreide im klassischen Sinne, wird aber in vielen regionalen Varianten gerne für die Teigwarenherstellung verwendet. Da Buchweizenmehl wenig Kleberanteil hat, muss es mit Weizenmehl gemischt werden, um die Kocheigenschaft zu verbessern. Geschmacklich hat das Buchweizenmehl aber durchaus Sinn, denn es verleiht vielen Nudeln einen herben, rustikalen Geschmack.

Buchweizenmehl muss wegen des geringen Kleberanteiles mit Weizenmehl gemischt werden.

Alternative Körnerfrüchte

Teigwaren aus alternativen Körnerfrüchten wie Mais, Reis, Hirse, Sojabohnen, Mungbohnen, Amarant und Quinoa haben zwar einerseits den Nachteil, dass sie aufgrund mangelnden Kleberanteils schlechte Kocheigenschaften haben, dafür sind sie aber für Leute mit Zöliakie (Glutenunverträglichkeit) geeignet. Aus Reismehl und Mungbohnenmehl kann man in speziellen Verfahren Teigwaren herstellen.

Alternative Körnerfrüchte sind aufgrund mangelnden Klebergehaltes für Menschen mit Zöliakie geeignet.

Ansonsten wird man entweder mit Weizenmehl mischen oder einzelne (glutenfreie) Mehlsorten miteinander vermengen müssen, um eine brauchbare Nudelqualität mit annehmbaren Kocheigenschaften zu erhalten. Die Zugabe von Ei unterstützt die Qualität des Nudelteiges und kann fehlendes Gluten ausgleichen.

Mehrkornteigwaren

Das Mischen von drei oder mehreren verschiedenen Getreidearten und Körnerfrüchten ist eine gängige Methode, um einerseits die Vielfalt des

Sortiments zu erweitern, andererseits aber auch auf spezielle Kundenwünsche eingehen zu können. Bei vielen Mischprodukten stellt sich dann aber heraus, dass die Nudeln über einen starken Eigengeschmack verfügen und somit auch dann die Sauce anzupassen ist.

Mehl aus Hülsenfrüchten

Mehle aus Hülsenfrüchten können in speziellen Verfahren auch für sich alleine zur Nudelherstellung verwendet werden.

Das Mehl von Hülsenfrüchten – vor allem aber Mungbohnen – wird in Asien für die Produktion von z. B. Glasnudeln verwendet. Aber auch Bohnenmehl (aus der Puffbohne gewonnen), Erbsenmehl und andere Alternativprodukte zeigen gute Kocheigenschaften und sorgen für Abwechslung bei der Teigzubereitung. Diese Mehle werden zumeist mit Weizenmehl gemischt, können aber in speziellen Verfahren auch für sich allein verwendet werden.

Achtung

Um eine Produktion mit gleichmäßiger Qualität zu erzeugen, sollten bei Mehrkornteigwaren die Mehlsorten vor(!) der Zugabe von Ei und/oder Flüssigkeit vermischt werden und das einmal ausgewählte Mischungsverhältnis auch immer dasselbe bleiben.

Fischmehl

Insbesondere in asiatischen Ländern war (und ist zuweilen auch heute noch) das Verwenden von preiswertem Fischmehl für die Nudelproduktion weit verbreitet. Ich persönlich bin aber ein großer Gegner des Fischmehls, nicht nur, was die Nudelherstellung betrifft, sondern gänzlich und überhaupt.

Das Ei

Enteneier sind ca. doppelt so groß wie Hühnereier, deshalb benötigt man nur die Hälfte der Menge.

Für die Zubereitung von Nudeln wird am häufigsten das Hühnerei verwendet, in Italien greift man aber auch gerne zu Entenei. Grundsätzlich könnte man auch Straußeneier verwenden, in England habe ich einmal Nudeln aus Möweneiern gekocht, welche bei den Gästen (in Verbindung mit einer sahnigen Austernsauce) sehr gut ankamen. Generell gilt zu beachten, dass Enteneier etwa doppelt so groß sind wie Hühnereier und man daher nur die Hälfte der Menge braucht; Straußeneier entsprechen etwa 25–30 Hühnereier und ergeben exzellente Nudeln!

Das oberste Gebot bei der Verwendung von Eiern ist aber die Frische. Äußerlich verschmutzte Eier, Brucheier sowie Eier, welche mit krankmachenden Keimen (z. B. Salmonellen) verseucht sein könnten, dürfen unter keinen Umständen zur Herstellung von Eierteigwaren hergenommen werden.

Absolute Top-Qualität (ich bevorzuge BIO-Eier) ist aber immer Güteklasse A. Bei Enteneiern muss man einen Lieferanten des Vertrauens haben, das gleiche gilt für Exoten wie Möwen- oder Straußeneier.

Die Verwendung von Flüssigei bietet Vorteile hinsichtlich der Teilbarkeit (Portionierbarkeit) und Haltbarkeit; überdies ist es eine preiswerte Alternative und man erspart sich das Aufschlagen der Frischeier. Außerdem kann man neben dem Vollei auch nur Eidotter oder Eiweiß erwerben. Für die Produktion von mancherlei Nudeln wird entweder nur Eidotter benötigt oder eben nur Eiweiß. Vor allem das Eiweiß verbessert das Kochverhalten von Nudeln, welche aus kleberarmen Getreidesorten hergestellt werden. Für die industrielle Produktion ist das Flüssigei daher ein wichtiges Produkt, für Direktvermarkter (vor allem, wenn sie qualitätsbewusste Restaurants beliefern wollen) meines Erachtens nicht, weil ein frisches Ei geschmacklich einfach durch nichts zu ersetzen ist.

Vor allem das Eiweiß verbessert die Kocheigenschaften von Nudeln.

Wasser, Milch und andere Flüssigkeiten

Damit aus Mahlprodukten überhaupt ein Teig hergestellt werden kann, braucht man eine Flüssigkeit. Diese besteht entweder nur aus Eiern, aus einem Gemisch von Ei und Flüssigkeit oder auch nur aus einer Flüssigkeit, meist Wasser.

Verwendet man Wasser für seine Nudelproduktion, so muss dieses im Labor auf seine chemische und mikrobiologische Qualität und Unbedenklichkeit geprüft werden. Das hat ausnahmslos zu geschehen, wenn die Nudeln später verkauft werden sollen.

Sollen die Nudeln verkauft werden, muss das verwendete Wasser chemisch und biologisch untersucht werden.

Allerdings sollte man sich darüber im Klaren sein, dass Wasser nicht gleich Wasser ist und geschmackliche Unterschiede (hervorgerufen beispielsweise durch verschiedene Mineralstoffzusammensetzungen) durchaus Einfluss auf die Nudeln haben. Ich verwende bei manchen Teigen gerne kohlensäurehaltiges Wasser (oder auch nur Sodawasser), weil die Kohlensäure den Teig etwas auflockert.

Aus Milch zubereitete Nudeln können nicht getrocknet werden.

Wenn Milch verwendet wird, so bitte nur Vollmilch nehmen. Auch muss man sich bewusst sein, dass aus Milch zubereitete Nudeln nicht getrocknet werden können. Deshalb gibt man Milch nur Teigwaren bei, welche entweder gleich frisch genossen (wie z. B. Spätzle) oder nach dem Kochen tiefgefroren werden.

Auch Wein – vor allem Rotwein – bietet sich als Flüssigkeit an, doch dabei muss beachtet werden, dass dieser einerseits die Farbe der Teigwaren beeinflusst, andererseits auch den Geschmack. Somit ist die Zugabe nur dann sinnvoll, wenn man dem Nudel-Produkt einen ganz speziellen Charakter verleihen will.

An dieser Stelle möchte ich nicht unerwähnt lassen, dass man Obst- und Fruchtsäfte genauso verwenden kann. Für eine „süße“ Nudelnachspeise beispielsweise habe ich einmal Orangensaft genommen und das Ergebnis war sehr ansprechend. Zitronensaft geht gut, auch mit Johannisbeersaft habe ich schon experimentiert. Wie gesagt: vieles ist möglich, weshalb Sie hier selbst Ihr eigenes Geschmacksbild ausarbeiten müssen.

Olivenöl, Eier, Salz und frische Kräuter braucht man fast immer.

Salz

Auch Salz ist nicht gleich Salz. Man kann zu preiswertem Haushaltsalz greifen, das außer „salzig“ keinen weiteren Geschmack hat. Oder man greift zu teurerem Meersalz, das vor allem Eierteigwaren einen großartigen Geschmack verleiht. Und dann gibt es da noch eine ganze Reihe von Spezialsalzen mit denen man die Qualität und den Charakter seiner Nudeln variieren kann. Was einem persönlich am ehesten zusagt, muss im Einzelfall ausprobiert werden. Ich nehme ein geschmacklich nicht zu intensives Meersalz und koche die Nudeln später auch ausschließlich in Meersalz; gute Erfahrungen habe ich auch mit dem Ursalz aus Altaussee (steirisches Salzkammergut) gemacht.

Kräuter, Gewürze, Gemüse und andere Zutaten für Farbe und Geschmack

Neben den Grundzutaten kann man Aussehen und Geschmack der Teigwaren auch durch verschiedene Ingredienzien variieren. Kräuter, Gewürze, Gemüse, Flüssigkeiten und sogar Zutaten wie Leber (geschabt), Milz, Blut oder Hirn werden hierfür verwendet.
Die einfachste Möglichkeit, um Geschmack und Farbe des Produktes zu verändern, ist die Zugabe von industriell hergestellten Pulvern, welche es in dutzenden Geschmacksrichtungen gibt: von Tomaten über Spinat und Karotten bis hin zu Steinpilzen. Es sind vor allem große Nudelmaschinen-Hersteller, welche diese Stoffe mitvertreiben. Auch pulverisierte Gewürze sind einfach zu verarbeiten. Zutaten in flüssiger Form oder Pulverform haben den Vorteil, dass sie der Nudelmaschine keinen Schaden zufügen. Allerdings schmecken die Nudeln alle gleich, wenn alle Hersteller mit denselben Grundprodukten arbeiten. Auch können die Pulver den Geschmack einer Frischware nur nachahmen, niemals ist aber ein Frischeprodukt durch eine Konserve zu ersetzen.

Pulverisierte oder flüssige Geschmacks- und Farbstoffe sind einfach zu verarbeiten.

Auf jeden Fall sollte man die frischen Zutaten vor ihrer Verwendung gut waschen und erst dann für die Nudelherstellung entsprechend zerkleinern.

Verschiedene Produkte zum Färben und Aromatisieren

Italienische Pasta aus Hartweizengrieß

Mit „pasta" bezeichnen die Italiener eigentlich alle möglichen Arten von Teigwaren, nicht nur solche, welche – wie beispielsweise Spaghetti oder Penne – nahezu ausschließlich aus Durum-Hartweizen und Wasser hergestellt wurden. Auch Eierteigwaren und andere Nudeln werden generell als „pasta" bezeichnet – ähnlich wie bei uns die Teigwaren. Das Universum der Pasta ist schier unergründlich; es tummeln sich mehr als 600 (!) verschiedene Nudelformen am italienischen Pasta-Firmament, und es werden täglich mehr. Tatsächlich aber ist die Nudel gar nicht in Italien „erfunden" worden, wenngleich zur Ehrenrettung der Italiener gesagt werden muss, dass es nudelähnliche Formen bereits im alten Rom gegeben hat. Richtig ist aber wiederum, dass das Rezept für die weltberühmten Spaghetti alla neapoletana – also die Spaghetti mit Tomatensauce – nicht in Neapel, sondern von Fischern im Süden Frankreichs (genauer in der Provence) kreiert wurde und über die Seefahrer in die Hafenstadt am Golf kam (siehe hierzu auch das Vorwort).

Unbestritten sind die Italiener heute geradezu verliebt in ihre Pasta und die meisten von ihnen könnten sie glatt jeden Tag essen. Was einst ein ausgesprochen einfaches, billiges und phantasieloses Arme-Leute-Essen war, ist heute zu einem veritablen Nationalgericht geworden! Welch eine beispiellose Karriere. Allerdings muss man dazu auch noch anmerken, dass die Pasta für die feiner schmeckende Gesellschaft erst genießbar wurde, als man – wiederum von Frankreich her – lernte, die Nudel „al dente" zu kochen, also bissfest. Bis zum Ende des 19. Jahrhunderts wurden die Nudeln in Italien nämlich ausnahmslos knuddelweich gekocht und bevorzugt mit Zimt und Käse genossen – das war pappig, sättigend und stopfte den Magen; Wohlgeschmack war bei der unbeschreiblich armen Bevölkerung zweitrangig – Hauptsache satt. Kein Wunder also, dass die Pasta recht schnell den Nimbus vom ausgesprochenen „Arme-Leute-Essen“ bekam.

Wir unterscheiden in der Praxis generell zwei Haupt-Gruppen:

- die Pasta *mit* und
- die Pasta *ohne* Ei.

In diesem Kapitel beschäftigen wir uns mit allen gängigen Formen der Pasta, die (meist) ohne Ei zubereitet werden, dazu die Spaghetti-Sonderform „alla chitarra“ (welche mit Ei hergestellt wird) und die sogenannten Bigoli. Weiters ist die Pasta corta – also die kurzen Nudelsorten – aus Hartweizengrieß und Wasser bereitet, Thema dieses Kapitels.

Mit den speziellen Eierteigwaren beschäftigen wir uns im zweiten Kapitel.

In Italien unterscheidet man die Pasta weiter auch nach der Form, da gibt es:

1. die „Pasta lunga“, die langen Formen und
2. die „Pasta corta“, die kurzen Varianten.
Der Teig für beide Pasta-Varianten ist im Grunde der Gleiche.
Das **dritte** Unterscheidungsmerkmal ist
„Pasta secca“ (getrocknete Pasta) und
„Pasta fresca“ (frische Pasta),
wobei Pasta aus Hartweizengrieß zumeist in der getrockneten Form bevorzugt wird, während man Pasta mit Ei generell in frischer Form genießt (auch wenn es getrocknete Eierteigwaren gibt).

Für Nicht-Italiener ist das Pasta-Ein-Mal-Eins nicht immer schlüssig.

Für Nicht-Italiener ist das Pasta-Ein-Mal-Eins nicht immer schlüssig, doch wenn man sich mit der Thematik – und vor allem den Saucen und ihren unterschiedlichen Eigenschaften – näher beschäftigt, wird man merken, dass alles seinen Sinn hat.

Echte „pasta asciutta“ ist nämlich al dente, nur zart mit Sauce (vorzugsweise frischer Tomatensauce) überzogen (daher „trocken“), was bedeutet, dass man nur soviel Sauce zu den gegarten Nudeln gibt, wie diese brauchen, um gerade richtig aromatisiert zu sein. Niemals dürfen die Nudeln in zuviel Sauce schwimmen – ein Fehler, der insbesondere in Österreich und Deutschland oft begangen wird! Mit geriebenem Käse darf verfeinert werden, mehr nicht – alles andere ist Fastfood!

Grundrezept für Pasta secca

Seit dem Jahr 1574 schreibt ein Statut der Zunft der Pasta-Hersteller (die sogenannte „arti dei fidelari") für jegliche Pasta secca die Verwendung von Hartweizengrieß gesetzlich vor. Da der Grieß hart und spröde ist, kann diese Form aber nicht mit der Hand hergestellt werden, sondern muss mit maschineller Hilfe zu einem Teig verarbeitet werden. Aus diesem Teig können nahezu alle Teigformen – egal, ob kurz oder lang – hergestellt werden.

Bei der Herstellung der Pasta aus Grieß ist maschinelle Hilfe zur Teigbereitung notwendig.

400 g Hartweizengrieß bester Qualität (ich empfehle Ware aus Kanada, weil diese einen sehr hohen Kleberanteil hat)
500 ml lauwarmes (oder heißes) Wasser (kein Leitungswasser, sondern frisches, reines Quellwasser)
1 EL Meersalz (fakultativ)

Die Zugabe von Salz ist eine Gewissenfrage: große Betriebe verzichten auf das Salz, weil die Pasta so schneller trocknet. Mit Salz trocknet die Pasta viel langsamer (weil Salz bekanntlich Flüssigkeit anzieht) und eigentlich niemals so ganz richtig, was sich ungünstig auf das Handling, Verpacken und Lagern auswirkt.

Es gilt generell: Soll die Pasta lange haltbar sein, wird KEIN Salz hinzugegeben, wird die Pasta relativ bald verbraucht, KANN Salz hinzugegeben werden.

Aus diesen Zutaten wird sorgfältig und lang (mindestens 20–30 Minuten lang!) ein Teig geknetet – das geschieht am besten in einer Teigknetmaschine; wer mag, darf auch noch 2 EL Olivenöl hinzufügen. Das Teig-Kneten ist einer der wichtigsten Arbeitsschritte bei der Nudelherstellung überhaupt – wer hier schlampt oder ungeduldig ist, erzeugt keine perfekte Pasta!

Dieser Grundteig eignet sich für alle Formen der Pasta secca – egal, welche Matrize verwendet wird (besonders gut eignet sich diese Herstellung aber für Spaghetti). Allerdings sollte der Teig mit extrem hohem Druck durch bronzene Matrizen gepresst werden, denn diese sorgen dafür, dass die Oberfläche aufraut, wodurch die Nudel außen schön samtig weich und innen bissfest gart – außerdem können Nudeln aus der Bronzematrize besser die Sauce aufnehmen (ich bin ein Fan von Pasta aus Bronzematrizen und wiederhole mich daher absichtlich).

Pastamaschine mit Spaghetti-Matrize

Maschinelle Erzeugung von Pasta lunga secca
(Abb. 1–6)

1

2

Den Rührkasten zum Teigkneten mit Hartweizengrieß (o.a. Mahlprodukt) befüllen, Maschine anstellen und langsam lauwarmes Wasser zugießen

Derartige Pasta wird nicht auf Horden gebettet und in irgendwelchen klimatisierten Räumen getrocknet (außer, es handelt sich um preiswerte Industrieware); wir hängen die Pasta auf und lassen sie 2–3 Tage an einem trockenen, zugigen Ort langsam trocknen. In seltenen Fällen kann das Trocknen aber auch 1 Woche und länger dauern.

Sehr gute Erfahrungen habe ich mit Pasta gemacht, welche auf 800–1.000 m Seehöhe trocknen konnte.

Für diese Art der Trocknung gibt es kein „Rezept", da muss jeder Pasta-Hersteller seine eigenen Erfahrungen sammeln und sich mit seinen äußeren Bedingungen abstimmen. Ist es draußen beispielsweise sehr heiß, trocknet die Pasta möglicherweise zu rasch ab – man sollte dann dafür sorgen, dass es in der Nacht kälter ist und weniger zugig. Wie gesagt: händisches Trocknen sorgt zwar für optimale Qualität, ist aber eine Gefühls- und Erfahrungssache.

Anfangs wird die Pasta 30–40 % Feuchtigkeitsgehalt haben, nach dem Trocknen etwa 10–15 %.

Danach kann sie abgepackt und verkauft werden.

Tipp

Noch ein Wort zum Trocknen. Es gibt in Italien eine Pasta, die sich „pasta di semola di grano duro trafilata al bronzo" nennt. Hierbei handelt es sich um Hartweizennudeln, welche nach der ganz traditionellen Methode über Bronzedrähten ausgezogen und besonders langsam – mindestens 60 Stunden – bei geringen Temperaturen getrocknet werden. Dies verleiht der Pasta eine unvergleichlich raue Oberfläche und ein ganz besonders herzhaftes Aroma. Diese Pasta ist so sensationell (weil sie natürlich ausschließlich aus dem besten Hartweizengrieß hergestellt wird, den man erhalten kann), dass man für ihren Genuss eigentlich kein Sugo braucht – sie schmeckt für sich allein ausgezeichnet.

Pasta lunga (lange Nudelformen)

Die wichtigste Pasta lunga ist – nicht nur für die meisten Italiener – die Spaghetti, welche von vielen Nudel-Afficionados als die ideale Pasta schlechthin bezeichnet wird. Warum dem so ist, erklärt sich leicht: sie ist als preiswertes Lebensmittel nahezu überall erhältlich, einfach zu kochen und passt zu sehr vielen Saucen. Gute Qualitäten können sogar nur für sich allein gegessen werden, mit ein wenig Olivenöl und frisch gemahlenem schwarzen Pfeffer und/oder geriebenem Hartkäse.

Spaghetti gehören – wie gesagt – zur Gruppe der Pasta lunga (lange Pastaformen) und werden aus verschiedenen Teigen und in verschiedenen Stärken hergestellt. Grundsätzlich unterscheidet man zwischen klassischen Spaghetti, welche ihren Namen vom italienischen Wort spago (deutsch: Schnur) herhaben, und den Spaghetti alla chitarra (siehe Seite 39), welche etwas flacher und viereckig sind, weil diese mittels einer sogenannten chitarra hergestellt werden.

Der Teig sollte feinkrümelig sein (Couscous)

Wichtig für gute Spaghetti sind folgende drei Faktoren: erstklassiger Hartweizengrieß, beste Wasserqualität (vorzugsweise Quellwasser), eine bronzene Matrize beim Durchpressen (diese raut die Oberfläche auf) und langsames Trocknen der Pasta in günstigen klimatischen Bedingungen.

Wie erwähnt, handelt es sich bei Spaghetti fast immer um sogenannte pasta secca (getrocknete Pasta). Ausnahmen bestätigen auch hier die Regel, denkt man an die venezianischen Bigoli – bei den Rezepten wird im Einzelnen darauf eingegangen werden. Der üblicherweise aus Hartweizengrieß hergestellte Teig sollte unter großem Druck durch Bronzematrizen zu Nudeln gepresst worden sein, bevor er tagelang trocknen darf, wobei sich die Temperaturunterschiede von Tag und Nacht günstig auf die Qualität der Pasta auswirken. Natürlich benutzen große Industriebetriebe keine Matrizen aus Bronze, sondern bevorzugen die pflege-

Spaghetti carbonara

leichteren teflonbeschichteten Matrizen, welche der Pasta eine aalglatte Oberfläche geben. Traditionell ist das zwar nicht, muss aber auch keinen Qualitätsnachteil bedeuten; es ist schlicht und einfach Ansichts- wie auch Geschmackssache, ob Spaghetti mit rauer Oberfläche besser sind als die mit glatter Oberfläche (allerdings haftet die Sauce besser an der Pasta, wenn die Oberfläche aufgeraut wurde).

Wesentlich entscheidender für die Qualität ist da der Hartweizen, im Italienischen durum genannt, dessen beste Qualitäten früher aus der Ukraine stammten, heute aus Kanada kommen – aber auch in Italien selbst wird passabler Hartweizen angebaut.

Den Teig entweder wie hier zu Spaghetti pressen oder auch mit einer anderen Matrize zu Mafalde

Dieses zu Grieß gemahlene Getreide wird für Pasta secca nur mit lauwarmem Wasser (ideal sind 45 °C) zu einem homogenen Teig geknetet und anschließend mit bis zu hundert Bar Druck durch die Matrize gepresst. Zu passender Länge zurechtgeschnitten, werden die Teigfäden anschließend langsam luftgetrocknet (in Industriebetrieben freilich nicht tagelang, sondern in wenigen Stunden).

Sehr dünne Spaghetti nennt man Spaghettini, dickere Varianten werden Spaghettoni genannt – auch werden die Spaghetti nach Dicke durchnummeriert angeboten, von Nr. 3 (für Spaghettini) über Nr. 5 (für klassische Spaghetti) bis hin zu dickeren Formen wie Nr. 7, die schon als Spaghettoni gelten. Der berühmte Konzern Barilla hat mit der „Barilla Spaghetti Nr. 5" die erfolgreichste Teigware der Welt auf den Markt gebracht.

Eine weitere Erfolgsmarke aus Italien verbirgt sich hinter dem Namen De Cecco, welche in den Abruzzen beheimatet ist und von vielen Pasta-

Linguini mit Pesto und Baby-Basilikum

Feinschmeckern bevorzugt wird. Wissenschaftliche Untersuchungen haben zwar keinen Beleg dafür gegeben, dass das von De Cecco verwendete Quellwasser und die langsamere Trocknung für eine höhere Qualität sorgen, aber dennoch spricht man immer wieder darüber.

Wie auch immer die Spaghetti hergestellt wurden, sie sind heute ein echtes Volksnahrungsmittel und von unserem Speiseplan nicht mehr wegzudenken. Und so sind die (wahrscheinlich ursprünglich aus Süditalien stammenden) Spaghetti nicht nur eine der ältesten Pastaformen Italiens, sondern nicht selten auch der Innbegriff von italienischer Pasta überhaupt. Egal, ob handgefertigt, aus kleineren Produktionsbetrieben oder doch aus größeren, qualitätsbewussten Betrieben kommend – Spaghetti mögen die meisten Menschen, vor allem, wenn die Nudeln hausgemacht wurden (wobei sich das „hausgemacht" auf die Qualität bezieht: ausgewählter Hartweizengrieß, frisches Quellwasser und reine Luft, wo die Pasta langsam trocknen kann – Zeit ist auch bei der Nudelherstellung einer der wichtigsten Faktoren)!

Fertige Spaghetti trocknen am besten auf Stangen aufgehängt oder auf Horden aufgelegt.

Übrigens

Spaghetti sollten nicht mit Bologneser Ragout serviert werden, nicht wegen der Spaghetti, die würden das schon vertragen, sondern der Sauce zuliebe; denn diese schmiegt sich viel lieber an frisch zubereitete Tagliatelle!

Grundrezept für maschinell erzeugte Pasta lunga secca:

1 kg Hartweizengrieß
250–350 ml Wasser (= 30–35 % Wasser, je nach Feuchtigkeitsgehalt des Hartweizengrießes)

Die wichtigsten (maschinell erzeugbaren) Formen der Pasta lunga secca sind:

Spaghetti: klassische schnurähnliche Pasta mit „normalem" Querschnitt
Spaghettini: dünne Spaghetti mit kleinem Querschnitt
Spaghettoni: dicke Spaghetti mit (oft mehr als) 2 mm Querschnitt
Spaghetti alla chitarra: rechteckig oder quadratisch geformte Spaghetti aus den Abruzzen
Trocchi: römische Bezeichnung für Spaghetti alla chitarra mit 4 mm Durchmesser
Vermicelli: im Süden Italiens gebräuchlicher Name für Spaghetti
Vermicellini: dünnere Spaghetti ähnliche Pasta aus Süditalien
Buccatini: dünne Hohlnudeln

Die wichtigsten (maschinell erzeugbaren) Formen der Pasta lunga secca sind:

Maccheroni: traditionelle, mitteldicke Hohlnudeln mit ca. 4 mm Durchmesser
Ziti: dicke Hohlnudeln, eher schon Röhren
Bavette: aus Genua stammende „Spaghetti", die nicht rund, sondern flach und mit einer leichten Wölbung versehen sind
Bavettini: kleinere, schmalere Bavette
Bigoli: typische spaghettiähnliche Pasta Norditaliens, relativ dick
Fusilli Neapoletani: leicht gedreht, oftmals sehr dicke Spaghetti aus Neapel, die besonders bissfest sind und traditionell über Kupferdrähten gezogen getrocknet wurden
Fedelini: Fadennudeln mit etwa 1 mm Querschnitt
Fettucelle: lange, leicht oder ganz abgeflachte Nudeln, zwischen 1 und 1,5 mm dick
Capellini: sehr dünne Fadennudeln, kaum mehr als 1 mm Querschnitt
Fresine: klassische süditalienische Pastaform (ähnlich den Bavete), 5–7 mm breit gewalzte Nudeln mit kräftigem Biss
Linguini: sehr schmale – fast bandnudelähnliche – Nudeln, die aber zur Gruppe der Spaghetti zählen
Lingue di passero: abgeflachte, der Bandnudel ähnliche Spaghettiform mit 2–4 mm Durchmesser
Ruvida: dicke, besonders lange, spaghettiähnliche Pasta mit 3 mm Querschnitt
Capelli d'angelo: besonders feine Fadennudeln; „Engelshaar"
Canalini: lange Nudeln in Kanalform
Mafaldine: neapoletanische, sehr breite Bandnudeln mit geriffeltem Rand

Die hausgemachten und handgemachten Varianten

Bigoli und Bigoli mati

Bigoli sind ein spezieller Typ der Pasta, eine ursprüngliche und besonders aromatische Variante. Sie stammen aus dem norditalienischen Raum, insbesondere dem Veneto, wo sie aus unterschiedlichen Teigen und in unterschiedlichen Formen produziert werden. Immer handelt es sich jedoch um eine Pasta lunga, also um lange Nudeln, welche ausschließlich aus häuslicher Produktion oder Kleinbetrieben (z. B. Delikatessenläden, welche Nudeln produzieren) stammen. Wie so oft, bestätigt auch hier eine Ausnahme die Regel: in ganz alten Rezepten ist zu lesen, dass der Bigoli-Teig zwischen den Händen gedreht werden soll. Das würde bedeuten, dass sie die Form von Schupf- oder Wutzinudeln (die in einem späteren Band separat behandelt werden) erhalten würden, was angesichts der Tatsache, dass der Nordosten Italiens lange Zeit zum Habsburgerreich gehört hat, nicht abwegig erscheint – doch ist diese Form der Bigoli heute kaum mehr gebräuchlich.

Früher, lange bevor Nudelmaschinen und industrielle Fertigung den Lebensmittelmarkt beherrschten, benutzte man zur Herstellung von langen Nudeln den sogenannten bigolaro, der heute eigentlich nur noch im Raum Mestre/Venedig gelegentlich verwendet wird. Dieses urtümlich anmutende Küchengerät ist an einem etwa einen Meter langen Schemel befestigt und hat ein angebrachtes Rohr von ungefähr 10 cm Durchmesser. Für dieses Rohr gibt es verschiedene Einsätze aus Messing oder – besonders gut – aus Bronze, welche unterschiedliche Lochungen zeigen. Mittels der verschiedenartigen Lochungen können unterschiedliche Nudelformen produziert werden. Je nach verwendetem Einsatz erhält der pastificcio dickere oder dünnere Bigoli (welche für gewöhnlich eher dickere Nudeln darstellen) bzw. lange oder sehr lange Nudeln.

Mit der Bigolaro werden die Bigoli hergestellt.

Der vorbereitete Nudelteig wird hierfür in das Rohr gefüllt und anschließend mittels einer Kurbel (ähnlich wie bei einer Handpresse) langsam nach unten durch den Einsatz gepresst. Früher breitete man die Nudeln zum Trocknen auf Röhricht aus, heute werden die Bigoli zumeist als Pasta fresca genossen.

Der Teig für Bigoli kann dabei recht unterschiedlich ausfallen. Der Tradition entsprechend verwendet man richtigerweise Weizenmehl. Bereitet man sie aus Vollkornmehl zu, heißen sie Bigoli mati (falsche Bigoli). Auch Mischungen aus Weizenvollkornmehl und Hartweizengrieß oder Weizenmehl- und Weizenvollkornmehl sind gebräuchlich, zuweilen wird dem Teig nach Belieben zusätzlich Ei (traditionell Entenei) hinzugefügt. In früheren Zeiten, als das Essen von Buchweizen im Nordosten Italiens nicht nur üblich, sondern geradezu überlebensnotwendig war, wurden die Bigoli in Ermangelung des teuren Weizens auch aus Buchweizenmehl oder einer Mischung aus Buchweizen- und Weizenmehl hergestellt (Not macht erfinderisch). Heutzutage serviert man im Veneto mit der Bezeichnung Bigoli fast immer frische Vollkornnudeln aus einem Weizenmehlteig, dem zumeist Ei beigemengt worden ist.

Die Bigoli können aus unterschiedlichsten Mehlmischungen hergestellt werden, traditionellerweise verwendet man aber Weizenmehl.

Das Besondere an den Bigoli ist allerdings der bereits angesprochene bigolaro, welcher zu ihrer Herstellung dient (in Ermangelung eines bigolaro kann auf eine Handpresse zurückgegriffen werden).

Vor allem, wenn hochwertige Einsätze aus Bronze verwendet werden, wird die Oberfläche der Bigoli besonders rau, was durchaus erwünscht ist. Die Pasta erhält so ihr typisches Geschmacksbild: außen weich und innen bissfest (und zwar richtig bissfest). Obendrein erlaubt die raue Oberfläche ein besseres Aufnehmen der Sauce, weil dies gewünscht ist.

Nachstehend einige Teigvorschläge zur Herstellung von Bigoli – eigene Kreationen sind nicht nur erlaubt, sondern erwünscht!

Teig 1 aus Buchweizen
300 g Buchweizenmehl, 200 g Weizenmehl, 3 Eier, 100–200 ml Wasser, etwas Öl, Salz

Aus den Zutaten einen mittelfesten Teig kneten, diesen durch einen bigolaro (oder eine große Spaghetti-Matrize) pressen und vorzugsweise über Stroh (original wäre Röhricht) zum Trocknen ausbreiten.

Bigoli mati

Teig 2 aus Hartweizengrieß
1 kg Hartweizen-Mehl, 10 Eigelb, 1 ganzes Ei, 1 EL Olivenöl, 1 EL Salz

Die Zutaten gut zu einem Nudelteig verkneten, diesen – vorzugsweise durch den bigolaro – oder eine sehr große Matrize drücken, die extra dicke Spaghetti erzeugt. Die Bigoli etwas abtrocknen lassen, dann erst weiterverarbeiten.

Teig 3 aus Weizenvollkornmehl
500 g Weizenvollkornmehl, 500 g Weizenmehl, 5 Enteneier, etwas Wasser, Salz

Dies ist eine recht traditionelle Form der Bigoli, welche früher üblicherweise tatsächlich mit Entenei zubereitet wurden – probieren Sie diese Variante einmal aus: sie schmeckt köstlich! Den Teig wie üblich zubereiten, dann pressen und etwas trocknen lassen.

Bigoli nobili gehören zur Gruppe der getrockneten Pasta.

Bigoli nobili

Bigoli nobili werden zwar ebenfalls mittels eines *bigolaro* (s. Kapitel Bigoli) hergestellt, dürfen aber dennoch weder mit den traditionellen *Bigoli* noch mit den *Bigoli mati* verwechselt werden, weil die *Bigoli nobili* keine

Pasta fresca sind, sondern zur Gruppe der Pasta secca (also getrocknete Pasta) gehören. Zudem werden sie aus sehr fein gemahlenem Hartweizengrieß und nicht aus Weizen- bzw. Vollkornmehl hergestellt.
Sie stammen aber – wie die *Bigoli* auch – aus dem Veneto: Heute gilt Padua (weil angeblich um die Mitte des 15. Jahrhunderts der Koch des Bischofs eine Pasta mit dem Namen „Bigoli" erstmals anpries und 1603 der Stadtrat von Padua das Patent für deren Produktion genehmigte, nimmt Padua für sich in Anspruch, die Geburtsstadt der *Bigoli* zu sein) als eines der Zentren für Bigoli nobili, wo diese Spezialität aus einem etwas gröberen Hartweizengrieß (gröber gemahlen als der für z. B. Spaghetti) und reinem Quellwasser zubereitet wird. Ein langer und schonender Trocknungsprozess von mehr als 25 Stunden soll für die optimale Qualität der Pasta sorgen.

Zu den *Bigoli nobili* schmecken ganz besonders gut aromatische Tomatensaucen und Käse.

Teig

400 g semola di grano duro (fein gemahlener Hartweizen), 500 ml Wasser

Hier wird dem Teig kein Salz zugegeben, weil die Pasta immer(!) getrocknet wird und sich das Salz da als kontraproduktiv erweist (siehe Einleitung „Grundsätze der Nudelherstellung: das Salz).

Bigoli nobili mori

Eine Sonderform der Bigoli, welche wirklich zu extrem dicken „Spaghetti" geformt und ausschließlich aus grobem Hartweizengrieß und Quellwasser hergestellt wird. Hier ist besonders wichtig, dass der Teig lange und sorgfältig geknetet wird. Die Menge des Wassers ist reine Gefühlssache und vom jeweiligen Grieß abhängig: generell wird man 1,2–1,5 l lauwarmes Wasser für 1 kg Grieß benötigen.

Bei dieser Pasta ist beim anschließenden Trocknen größte Sorgfalt geboten.

Es ist für Ungeübte eine schwierige Pasta, weil auch beim anschließenden Trocknen größte Sorgfalt geboten ist. Hat man aber einen erstklassigen Grieß genommen und sorgfältig gearbeitet, so ist das wahrscheinlich die beste Pasta überhaupt.

Die Kochzeit für diese Pasta beträgt bis zu 20 Minuten!

Pici oder Pinci

Pici, auch Pinci genannt, stammen aus der Toskana und gehören zur Gruppe der Pasta lunga (lange Pasta). Es gibt allerdings kein einheitliches Grundrezept für den Teig, der aber grundsätzlich aus Weizenmehl oder Hartweizengrieß oder auch einer Mischung aus beidem zubereitet wird. Man kann dem Teig mehr oder und weniger Ei zugeben oder auch gar keines und ihn nach Belieben würzen – wie gesagt, es gibt kein Grundrezept.

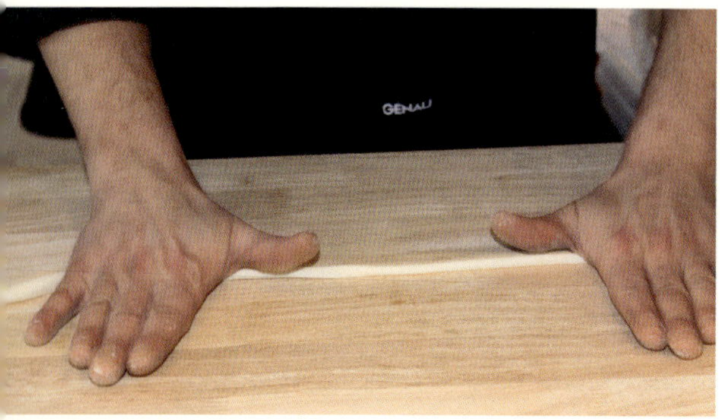

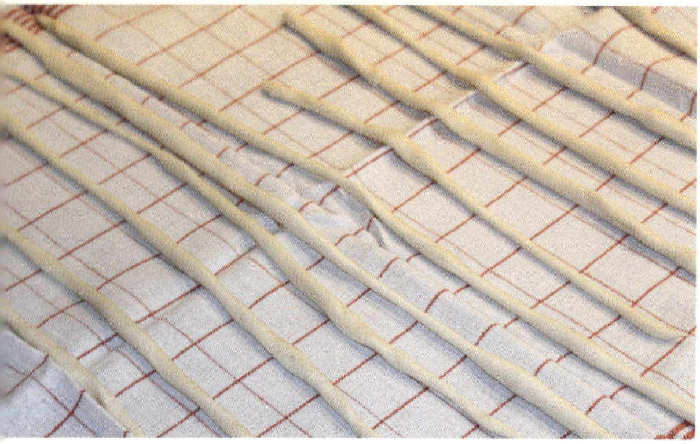

Für Pici wird der Teig mit den Händen zu langen Nudeln gerollt. Die dürfen (als echte Pasta fatta in casa) mal kürzer, mal länger, mal dicker, mal dünner sein.

Mittlerweile gibt es Pici auch fertig zu kaufen, dann sehen sie oftmals aus wie dickere Spaghetti, weil sie nicht manuell hergestellt wurden, sondern gepresst. Auch nehmen manche zeitbewussten Hausfrauen eine Flotte Lotte oder Ähnliches, um den Teig zu formen, was ebenfalls nicht richtig ist. In beiden angesprochenen Fällen geht insbesondere das verloren, was die originalen Pici wirklich ausmacht: das per Hand Rollen. Echte Pici werden nämlich nicht durch eine Matrize gepresst oder durch ein Sieb gequetscht, sondern man rollt per Hand Teigschlangen von etwa 30 cm Länge und einer Dicke von 2–3 mm aus. Diese unregelmäßig gestaltete Pasta serviert man in der Toskana natürlich mit aromatischen Semmelbröseln (Rezept: in Olivenöl und/oder Butter gerösteten Semmelbröseln, welche mit gehackten Sardellen, reichlich Knoblauch, Chili, gehackten Rosmarin-Nadeln, etwas Muskatnuss, Pfeffer aus der Mühle und Meersalz gewürzt wurden), Tomaten-Knoblauch-Sauce, aber auch Steinpilzragout oder Toskanisches Fleischragout schmecken gut dazu – aber Vorsicht beim Pici-Genuss, denn es besteht ein erhöhter Suchtfaktor!

Variante 1

500 g Weizenmehl, 250–300 ml Wasser, Salz

Das Mehl mit etwas Salz vermischen und auf ein großes Nudelbrett häufen. 200 ml Wasser hinzufügen und alles 15–20 Minuten gut durchkneten, bis man einen homogenen, eher festen Teig hat. Diesen in Klarsichtfolie schlagen und 30 Minuten rasten lassen.

Vom Teig etwa mandelgroße Stücke abtrennen und diese auf einer Arbeitsfläche zu langen Nudeln rollen, die wie dickere Spaghetti aussehen – im Italienischen nennt man dies appiciare. Fertige Pici auf einem bemehlten Leinentuch aufbewahren. Diese Pici etwa 4–5 Minuten in reichlich Salzwasser kochen.

Variante 2
500 g Weizenmehl, 1 Eigelb (oder ½ verquirltes Ei)

Aus Weizenmehl, Ei und Wasser nach Bedarf einen relativ weichen Teig abarbeiten. In einem leicht angefeuchteten Gefäß 30–40 Minuten rasten lassen, danach noch einmal gut durchkneten, bevor man den Teig auf einem Nudelbrett zu länglichen Pici rollt.

Variante 3
120 g Hartweizengrieß, 120 g Weizenmehl, Wasser nach Bedarf

Grieß und Mehl in eine Schüssel füllen, in die Mitte eine Mulde drücken und etwas Wasser hineingeben. Kreisförmig das Wasser einrühren, immer wieder ein wenig Wasser hinzugeben und weiterrühren, bis man einen Teig erhält, der weder zu feucht, noch zu trocken ist. Die benötigte Wassermenge hängt im Wesentlichen vom Klima ab und davon, wieviel das Mehl aufnimmt – man wird so etwa um die 120 ml benötigen. Aus dem fertigen Teig Rollen von knapp 3 mm Durchmesser und 30 cm Länge formen.

Die benötigte Wassermenge hängt im Wesentlichen vom Klima ab und wie viel das Mehl aufnimmt.

Variante 4
300 g Hartweizengrieß, 1 Eigelb, 180 ml Wasser, 2 EL Olivenöl, 1 TL Salz

Das Eigelb zusammen mit dem Wasser, Salz und Olivenöl mit einem Handmixer zu einer Emulsion verquirlen. Das Mehl und ca. ¾ der Emulsion zu einem weichen (it.: molle), elastischen Teig verkneten. Bei Bedarf auch den Rest der Emulsion zugeben.

Den Teig 1 Stunde mit Folie abgedeckt bei Raumtemperatur beiseite stellen. Anschließend im Kühlschrank über Nacht rasten lassen.

Einen kleinen Streifen Teig abschneiden und auf einem großen Holzbrett mit beiden Händen zu einem gleichmäßig dünnen Pici (ca. 2–3 mm dick) ausrollen; Länge ca. 20–30 cm. Kein Mehl zum Ausrollen verwenden! Falls der Teig zu trocken ist, die Holzbrettfläche mit 2–3 Tropfen Wasser befeuchten.

Die fertig gerollten Pici sofort mit Hartweizengrieß bemehlen und auf ein mit Grieß bestreutes Brett oder ein Leinentuch legen (Hinweis: Der Teig ist sehr elastisch, das Ausrollen geht gut, man ist aber schon für gut eine Stunde beschäftigt, bis der ganze Teig verarbeitet ist). Pici in gesalzenem, leicht siedendem Wasser 3 Minuten al dente kochen.

Lombrichelli

Lombrichelli sind dicke hausgemachte Spaghetti.

Wie die toskanischen Pici, so sind auch die *Lombrichelli* hausgemachte dicke Spaghetti. Sie sind eine Spezialität der Region Lazio und werden dort mit einem feinen Ragout oder einer ganz einfachen Tomatensauce mit Pecorino aufgetischt.

Wie bei fast jeder hausgemachten Pasta, so gibt es auch für die Lombrichelli unterschiedliche Teigvarianten, die beiden häufigsten sind aber nur aus Weizenmehl, Wasser und Salz (das zuweilen auch weggelassen wird) sowie die Variante, bei der dem Teig 1 Ei pro Kilo Mehl zugegeben wird; die zweite Variante wird aber nur angewendet, wenn eine größere Teigmenge produziert wird, und gilt nicht als authentisch.

Herstellung

Aus 400 g Weizenmehl und lauwarmem Wasser unter eventueller Zugabe einer Prise Salz einen glatten, festen und sehr homogenen Teig kneten. Das Wasser nur in kleinen Mengen zugeben – nicht mehr als gerade notwendig. Den Teig vor der weiteren Verarbeitung unter einem sauberen Tuch 30 Minuten rasten lassen.

Stücke vom Teig abtrennen und zu etwa 15 cm langen und 3–5 mm dicken Spaghetti rollen – die Länge darf zwar unterschiedlich ausfallen (manche Hausfrauen machen bis zu 30 cm lange Lombrichelli), sie sollten aber möglichst gleichmäßig dick sein. Die Pasta vor dem Kochen einige Stunden (am besten über Nacht, da mindestens 12 Stunden empfohlen werden) trocknen lassen.

Stringozzi

Stringozzi sind eigentlich eine frisch zubereitete *Pasta lunga*, die es aber auch als Fertigprodukt gibt. Diese speziellen Nudeln sehen aus wie viereckige Spaghetti; sie werden zuweilen auch mit verschiedenen Aromen – z .B. Trüffeln – verfeinert. Die Pastasorte stammt aus Umbrien, wo sie eine traditionelle handgemachte *Pasta fresca* bildet, von der es viele Varianten gibt.

Herstellung

Aus 500 g Weizenmehl und 200–300 ml lauwarmem Wasser einen eher festen Teig zubereiten, den man sehr gut abknetet, bevor man ihn 30 Minuten rasten lässt. Den Teig zu einer 2–3 mm dünnen Teigplatte ausrollen, von der man gleichmäßige dünne Streifen abschneidet, so dass man viereckige Spaghetti erhält.

Spaghetti alla casalinga

Die Spaghetti sind in der Herstellung zugleich die einfachste, aber auch die schwierigste Pasta. Original Spaghetti werden aus Hartweizengrieß hergestellt und eignen sich nicht für „handgemachte Pasta", da, wie eingangs bereits erwähnt, Hartweizengries sehr hart und spröde ist. Deshalb hier noch eine für den „Hausgebrauch" geeignete Variante, die sich (wegen dem Salz) nicht zum Trocknen eignet, sondern als frische Pasta verwendet werden sollte:

Herstellung

400 g Weizenmehl, 100 g fein gemahlener Hartweizengrieß, 100 ml Wasser, ½ TL Salz

Teig wie gewohnt mischen und zu Spaghetti pressen.

Spaghetti alla chitarra/Maccheroni alla chitarra

Streng genommen muss diese Pasta-Spezialtät „Maccheroni alla chitarra" genannt werden. Maccheroni ist der alte italienische Name für lange Nudeln, und in ihrer Heimat, den Abruzzen/ Molinese, werden sie auch heute noch so bezeichnet.

Wer die chitarra erfunden hat, ist nicht bekannt. Jedenfalls handelt es sich um eines der ältesten Hilfsmittel zur Herstellung feiner, langer Nudeln. Die chitarra besteht aus einem rechteckigen Holzrahmen, auf dem im (2–3) Millimeterabstand dünne Metallsaiten aufgespannt sind. Darunter befindet sich ein Untersatz, der die fertig geschnittene Pasta auffängt; diese

Mit einem Nudelholz wird der Teig durch die Chitarra gedrückt.

Pasta hat einen rechteckigen (manchmal auch quadratischen) Querschnitt. Um die Maccheroni alla chitarra herzustellen, legt man dünn ausgewalkten Nudelteig über die Saiten und fährt mit dem Nudelholz darüber. Dann wird der Teig zu gleichmäßig feiner, langer Pasta geschnitten (ähnlich dem Prinzip des Eierschneiders).

Entscheidend für das Gelingen ist die Qualität des Teiges.

Entscheidend für das Gelingen der Maccheroni alla chitarra ist – wie bei allen haus- und handgemachten Nudeln – die Qualität des Teiges!

Herstellung

1 kg sehr feiner Hartweizengrieß, 10 große Eier (manche nehmen sogar 12 Eier), 1 Prise Salz

Das Hartweizenmehl wird aufgehäuft und in die Mitte eine Mulde gedrückt, in welche man die Eier hinein aufschlägt und diese salzt. Jetzt muss das Ganze mindestens 30 Minuten, vorzugsweise von Hand, zu einem kompakten und gut durchgearbeiteten Teig verknetet werden – nur so ist sichergestellt, dass sich die Pasta bissfest kochen lässt und sowohl Hartweizen wie auch Ei gut herausgeschmeckt werden können.

Den Teig so dünn ausrollen, wie der Abstand zwischen zwei Saiten beträgt.

Hat der Teig die richtige Konsistenz, muss er 15–20 Minuten ruhen, bevor man ihn dünn ausrollt. Er sollte vorzugsweise genauso dünn ausgerollt sein, wie die Abstände zwischen zwei Saiten betragen. So erhält der Teig beim Schneiden seine typische quadratische Form. Die fertige Pasta kann sofort verarbeitet oder als Frischware verpackt und verkauft werden.

Hinweis

Heute gibt es auch für Nudelmaschinen spezielle Aufsätze, mit welchen diese Pastaform geschnitten werden kann.

Spaghetti integrali

Vollkornspaghetti werden in Italien zumeist aus Vollkorn-Hartweizenmehl, Vollkornweizenmehl oder Emmer (Zweikorn) hergestellt. In Deutschland, Österreich und der Schweiz gibt es auch Vollkorn-Spaghetti aus Dinkelmehl, Buchweizenmehl u.a. Vollkorn-Mehlsorten.

Variante 1

Für den Teig dieser Sorte mischt man z. B. 500 g Dinkel-Vollkornmehl mit 250–300 ml Wasser und knetet alles zu einem Teig ab; die Konsistenz ist dabei Geschmacksache; die einen bevorzugen einen klebrigen Teig mit mehr Wasser, die anderen einen trockenen mit weniger Wasseranteil.

Variante 2
Eine andere gängige Mischung empfiehlt 300 g Weizenvollkornmehl mit 300 g Weizenmehl (oder auch nur Vollkornmehl, für die echten Vollkorn-Freaks), 6 mittlere Eier, 4 EL Öl und etwas Salz zu mischen und gründlich abzuarbeiten; der Teig sollte bis zu seiner Verwendung 1 Stunde in Folie gewickelt rasten dürfen.

Variante 3
Ich persönlich bevorzuge Hartweizen-Vollkornmehl und vermische dieses in einer Teigmaschine 30–45 Minuten lang mit etwa der gleichen Menge Wasser. So erhält man einen Nudelteig, der halbwegs nach guter Pasta schmeckt!

Hinweis

Obwohl sich aus Vollkorn auch Spaghetti (ohne Ei) pressen lassen, so sind Vollkornteigwaren mit Ei doch wesentlich geschmackvoller.

Pasta corta (kurze Nudeln)

Schier unendlich ist die Vielfalt an kleinen, kurzen und mittelgroßen (getrockneten) Nudelformen – jede Region, jeder Hersteller und jeder Koch hat da seine persönlichen Vorlieben. Es gibt Standardformen, welche als Matrize für Nudelmaschinen erhältlich sind, und es gibt individuelle Sorten, welche mit der Hand geformt werden müssen.

Standardformen sind als Matrize für Nudelmaschinen erhältlich.

Sämtliche Pasta corta wird – wie die Pasta lunga auch – nur mit etwas Sauce überzogen als Pasta asciutta (trockene Pasta) gegessen; das ist bitte zu beachten!

Die wichtigsten (maschinell erzeugbaren) Formen der kurzen Pasta sind:

Farfalle: Schmetterlings-Nudeln
Farfalle Tonde: abgerundete Schmetterlings-Nudeln
Cavatappi: „Korkenzieher“, kurze, eingedrehte, hohle Nudeln
Chifferi: Hörnchen
Fusilli: kurze Spiralnudeln
Garganelli: kurze, gerollte Röhrennudeln
Orecchiette: Öhrchen
Maccheronicini: kurze Maccheroni
Lumache: Schnecken

Die wichtigsten (maschinell erzeugbaren) Formen der kurzen Pasta sind:

Gemelli: kurze, gedrehte Nudeln
Ditali: Hütchen
Eliche: Schrauben, kurze Spiralnudeln
Cravatte: an den Rändern gewellte und in der Mitte zusammengedrückte Pastastücke
Conchiglie: Muschel-Nudeln
Penne lisce: glatte Penne (sind typisch an den Enden schräg abgeschnitten)
Penne rigate: geriffelte Penne
Fusilli bucati corti: kurze, eingedrehte (dicke) Nudeln
Rigatoni: dicke, geriffelte Röhren
Rotelle/Ruote: Räder
Radiatori: „Heizkörper"; kurze, gerillte, aufgeschnittene (halbierte) Röhren
Sigarette: „Zigarren"; kurze, glatte, schmale Hohlnudeln
Tortiglioni: kurze Röhren mit gerippter Außenfläche
Girandole: eingedrehte Nudeln
Casarecce: eingedrehte, kanalförmige, kurze Pasta
Pipe: „Pfeifen", dicke, schmaler zulaufende Hohlnudeln
Zitoni: dicke, kurze Maccheroni
Trofie: kurze, gedrehte Röllchen – die ligurische Spezialität!
Spirali: kurze, gedrehte Pasta
Castellane: zylinderförmige, aufgeschnittene (halbierte) Pasta

Eliche

Penne rigate

Rigatoni

Castellane

Cravatte

Spirali

Hinweis

Daneben gibt es noch viele hundert regionale (oder Hersteller spezifische) Fantasieformen, die oftmals in reiner Handarbeit hergestellt werden!

Der Teig ist für alle Formen der Pasta corta gleich:
400 g sehr fein gemahlener Hartweizengrieß bester Qualität
300–500 ml lauwarmes (oder heißes) Wasser

Weil die *Pasta corta* nahezu ausschließlich als *Pasta secca* (getrocknete Pasta) angeboten wird, gibt man dem Teig kein Salz hinzu, um das Trocknen zu begünstigen!

Der Teig wird sorgfältig geknetet und sollte möglichst homogen sein – und vor allem eher trocken! Das Wasser also nicht auf einmal dazuschütten, sondern portionsweise. Wie viel Wasser der Teig letztlich braucht, hängt vom Hartweizengrieß ab. Es erfordert (auch beim Einsatz von Maschinen) viel Erfahrung, handwerkliches Gefühl und Können, hier das optimale Mischungsverhältnis zu erzielen – einfacher ist die nachstehende Variante, bei der mit Ei gearbeitet wird (was aber weder original ist, noch eine echte Pasta corta ergibt).

Diesen Teig presst man dann durch eine Matrize nach Wahl (auch hier empfehle ich die Bronze-Matrize) und breitet die fertige Pasta zum Trocknen aus.

Je nach Rotationsgeschwindigkeit des Messers entstehen kürzere (schnelle Umdrehung) oder längere (langsamere Umdrehung) Stücke.
Im Bild Schneidaufsatz für kurze Pasta.

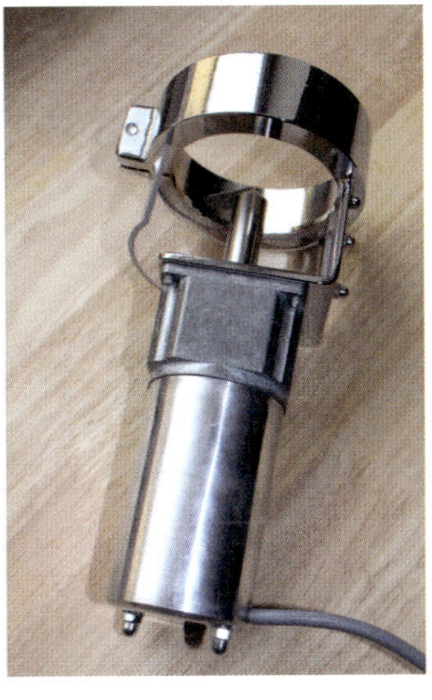

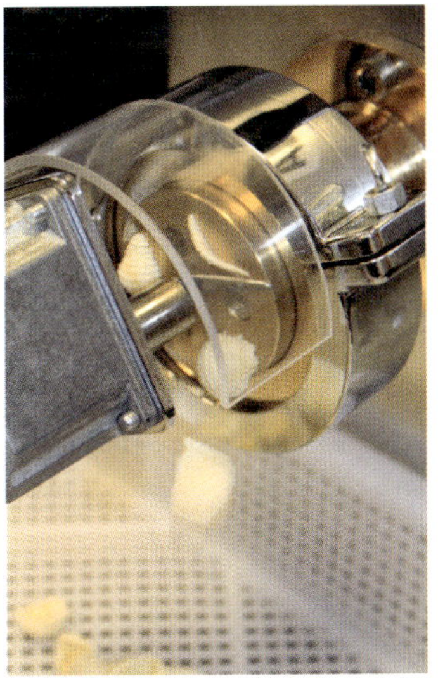

Variante

Natürlich kann man auch die Pasta corta aus Hartweizengrieß und Ei herstellen – 3 Eier und etwas Wasser auf 500 g Hartweizengrieß gelten als durchschnittliches Mengenverhältnis. Die letztliche Menge an Ei hängt aber von der Formgebung der Nudeln ab – mehr als 400 g Ei pro kg Grieß sollten es jedoch nicht sein.

Penne mit Schinken und Rucola

Pastina

Unter Pastina versteht man sehr kleine Formen der Pasta, welche zumeist als Einlage für Suppen, Eintöpfe u.ä. verwendet werden. Die Teigzubereitung ist die gleiche wie bei Pasta corta.

Die wichtigsten Formen sind:

Stelline: Sterne (gibt es in unterschiedlicher Größe und Form)
Anellini: kleine Ringe
Gobbetti: kurze, eingekringelte hohle Nudeln
Quadretti: kleine Quadrate (ähnlich kleinen Fleckerln)
Farfalline: ganz kleine Farfalle
Pasta a riso: reisförmige Pasta

Typische Formen der Pastina (meist als Suppeneinlage verwendet) sind z. B. kleine Sternchen (links) oder Muscheln (rechts).

Tagliatelle, Bandnudeln & ähnliche Nudelsorten

Grundlegendes

Möglichkeiten der Teigzusammensetzung

Ein paar Praxisbeispiele

Hier bewegen wir uns auf dem vielseitigen Terrain der Nudeln, welche die Italiener gerne als „pasta fatta a casa" (hausgemachte Pasta) bezeichnen. Es gibt, das sei hier vorweggenommen, kein einheitliches Rezept für den Nudelteig – jeder Koch, jede Region und jede Hausfrau hat da ihr eigenes Rezept.

Es ist keine Hexerei, gute Nudeln selbst herzustellen, wenn man einige grundlegende Dinge beachtet.

Das Wichtigste von allen ist Erfahrung, denn wie sich welcher Teig bei welcher Behandlung und welchen klimatischen Begebenheiten verhält, ist und bleibt einfach Übungs- und Erfahrungssache; da kann einem niemand helfen. Ich empfehle daher an dieser Stelle, dass man sich eine Kladde anlegt, in der man die wichtigsten Ideen und Erfahrungen niederschreibt.

Mit Hilfe der folgenden Anleitungen sollte es einem jeden nach ein paar Übungsversuchen durchaus möglich sein, eine gute Pasta, gute Bandnudeln oder einfach frische Nudeln selbst herzustellen.

Grundlegendes

1. Bei beinahe allen Arten von Tagliatelle, Bandnudeln und ähnlichen Nudeln handelt es sich um Eierteigwaren, welche zumeist aus Weizenmehl oder/und Durum-Hartweizengrieß, Eiern (in unterschiedlichen Mengenverhältnissen), Wasser und Salz zubereitet werden. Variationen mit anderen Mehlsorten und Mischmehlen ergeben eine größere Sortenvielfalt, sind aber eher selten gebräuchlich.
2. Das Größenverhältnis von Mehl und Ei hängt vom zu erzeugenden Teig, vom persönlichen Geschmack und letztlich sogar vom Wetter ab. Aber auch die Qualität des Mehls und die Frische der Eier spielt dabei eine gewichtige Rolle – müßig zu erwähnen, dass wir ausschließlich mit der besten Qualität arbeiten, die wir erhalten können.
3. Alle Zutaten müssen bei der Verarbeitung Raumtemperatur haben.
4. Öl ist für den Teig selbst nicht wichtig, erleichtert aber das Kneten, insbesondere bei handgemachten Teigwaren.
5. Normales Haushaltsweizenmehl ergibt einen glatten, leichten Teig mit recht guter Struktur. Einige Köche und Pasta-Produzenten mischen auch Weizenmehl und Hartweizengrieß miteinander oder nehmen gar nur Hartweizengrieß. Dieser Hartweizengrieß verbessert Farbe, Geschmack und Beschaffenheit der Nudeln, lässt sich aber schwieriger verarbeiten – vor allem handbetriebene Nudelmaschinen „streiken“ bei dieser Art von Teig gern. Ich empfehle daher Folgendes:
   a. Bei manueller Herstellung: je nach Kraft nur Weizenmehl (leicht zu verarbeiten), Weizenmehl und Hartweizengrieß im Mischungsverhältnis 60 : 40 (schwerer zu verarbeiten);
   b. Bei manuellen Nudelmaschinen: nur Weizenmehl oder Weizenmehl und Hartweizengrieß bis zu einem Mischungsverhältnis von 50 : 50 und
   c. nur bei elektrischen Nudelmaschinen mit guter Leistung einen Teig ausschließlich aus Hartweizengrieß herzustellen – Ausnahmen bestätigen auch hier die Regel, aber mit dieser Faustformel fährt man auf der „sicheren“ Seite.

Teig aus Hartweizengrieß lässt sich schwieriger verarbeiten.

6. Die richtige Teigfeuchte ist ein ganz entscheidendes Kriterium für die einwandfreie Produktion von Nudeln – insbesondere, wenn diese getrocknet und gelagert werden sollen. Deformierte und/oder gefleckte Nudeln aufgrund eines mangelhaften Teiges passieren hin und wieder, lassen sich aber relativ leicht vermeiden. Wir werden im Abschnitt über die maschinelle Produktion speziell darauf eingehen, worauf im Einzelnen zu achten ist.

Für eine einwandfreie Produktion ist die richtige Teigfeuchte ein entscheidendes Kriterium.

7. Elementar wichtig ist, dass der Teig gründlich geknetet wird – das besagt schon der Name, denn das Wort Teig stammt vom germanischen

„dagia“ ab, was nichts anderes als „kneten“ bedeutet. Mindestens 7 Minuten sollte es andauern, längeres Kneten ist durchaus erwünscht! Der Teig muss eine elastische, glatte und leicht glänzende Oberfläche bekommen – kleiner Tipp: Wenn sich beim Durchschneiden des Teiges an den Schnittflächen kleine Luftbläschen zeigen, dann ist er gut. Hat man Durum-Hartweizengrieß verwendet, verlängert sich die Knetdauer mindestens um das Doppelte.

Kneten, bis der Teig eine elastische, glatte und leicht glänzende Oberfläche bekommt.

8. Der Teig muss rasten, mindestens 15 Minuten, besser 30 Minuten. Dazu wird er zu einer Kugel geformt, in Klarsichtfolie geschlagen und in den Kühlschrank gelegt. Länger als 48 Stunden sollte er dort aber auch nicht verbringen, weil er sonst brüchig wird.
9. Werden Nudeln aus Mehlen mit geringem Kleber-Anteil (Gluten) hergestellt, wie z. B. aus Roggenmehl, so sollte immer etwas Weizenmehl beigegeben werden, um die Beschaffenheit der Nudeln zu verbessern. Auch sollten Nudeln aus derartigen Mehlsorten mit der Hand geknetet werden, weil nur so absolut sichergestellt ist, dass das Gluten frei wird und der Teig eine stabile Bindung erhält.

Möglichkeiten der Teigzusammensetzung

Auch wenn es so etwas wie „Grundteige“ gibt, sind der persönlichen Vorliebe und Fantasie hier keine Grenzen gesetzt; schier unendlich sind die Möglichkeiten, wie der Teig beschaffen sein kann. Doch bevor man zu experimentieren beginnt, sollte man sich mit den Grundteigen beschäftigen, um nicht all zu viel BIO-Müll zu erzeugen.

Trotz Grundteig sind den persönlichen Vorlieben und Fantasien keine Grenzen gesetzt.

Hier einige geläufige Zusammensetzungen:

1. 300 g Weizenmehl, 3 Eier, 1 Prise Salz – gilt als Standardmischung
2. 300 g Weizenmehl, 3 Eier, 1 Prise Salz, etwas Milch oder Wasser
3. 300 g Weizenmehl, 3 Eier, 30 ml Olivenöl, 1 Prise Salz
4. 500 g Weizenmehl, 3 Eier, 125 ml Wasser, 1 TL Salz
5. 250 g Hartweizengrieß, 250 g Weizenmehl, 3 Eier, 125 ml Wasser, 1 TL Salz

6. 300 g Hartweizen-Mehl Typ 405, 100 g feiner Hartweizengrieß, 4 Eier, 2 EL Olivenöl, 1 Prise Salz – gilt als eine Standardmischung
7. 400 g Hartweizenmehl Typ 405, 4 Eier, 1 Prise Salz
8. 500 g Hartweizengrieß, 3 Eier, 6 Eidotter, 1 TL Salz – Wasser nur, wenn der Teig wirklich zu fest ist
9. 250 g Weizenvollkornmehl, 100 g Buchweizenmehl, 1 Ei, 2 EL Olivenöl, 125 ml Wasser, 1 TL Salz
10. 225 g Weizenmehl, 30 g Hartweizengrieß, 1 Ei, 3 Eigelb, 1 EL Olivenöl, etwas Milch, etwas Wasser, Salz
11. 150 g Dinkel-Vollkornmehl, 150 g Weizenmehl (Typ 405), 3 Eier, 2 EL Olivenöl, Salz

Möglichkeiten der Teigzusammensetzung gibt es unendlich viele.

Sie sehen also, Möglichkeiten der Teigzusammensetzung gibt es unendlich viele. Daher wird es auch eine Weile dauern, bis man seine perfekte Zusammensetzung gefunden hat. Um die Sache noch interessanter zu gestalten, sei hier angemerkt, dass allein schon zwei verschiedene Hartweizengrießsorten (z.B. eine aus Apulien und eine aus Kanada) für einen ganz neuen Geschmack und eine ganz andere Struktur der Teigware sorgen können, als wenn man beispielsweise nur eine einzige Sorte verwendet.

Ich habe einen Bekannten in den Marken (eine Region, die berühmt für ihre Pasta ist), der jährlich aus vielen hundert verschiedenen Hartweizengrießen seine bevorzugten Sorten auswählt, die er im jeweiligen Jahr aufgrund ihrer Eigenschaften für die Produktion seiner Pasta am geeignetsten hält. Jeweils 6 bis 8 Hartweizengrießsorten finden seine Gunst, und noch nie hat es ein und dieselbe Standard-Mischung bei ihm gegeben! Natürlich verwendet er auch nur Eier von Hühnern, die nach seinen Vorstellungen gehalten und gefüttert werden. Bis hin zum speziellen Meersalz und dem Wasser aus eigener Quelle – nichts ist dem Zufall überlassen, alles wird sorgfältig komponiert, damit die Teigwaren einzigartig in Beschaffenheit, Struktur, Homogenität und Geschmack sind!

So verrückt oder besessen muss man nicht sein, doch derartiges Denken ist tatsächlich notwendig, wenn man sich von der Masse abheben und kompromisslos gute Qualität erzeugen möchte; dessen sollte man sich immer bewusst sein.

Wenn Sie zum ersten Mal Nudeln machen, kann es also gut sein, dass der Teig nicht gleich auf Anhieb Ihren Vorstellungen entspricht.

Wie bereits angesprochen, gibt es viele Faktoren, die das Gelingen beeinflussen. Neben der Beschaffenheit des Mehls, der Größe der Eier, der Raumtemperatur und der persönlichen Stimmung ist es vor allem das Klima, das einem oftmals einen Strich durch die Rechnung machen kann.

So kann es vorkommen, dass der Nudelteig bei heißer und schwüler Witterung feucht und klebrig bleibt, während er bei Heizungsluft im Winter austrocknet. Aber lassen Sie sich dadurch nicht entmutigen, denn mit zunehmender Erfahrung können Sie diese Unterschiede bald ausgleichen, indem Sie die Zutaten entsprechend dosieren.

Mit zunehmender Erfahrung können Sie Unterschiede bald ausgleichen.

Noch ein Tipp von meinen Freund Giuseppe aus den Marken: bei der Nudelproduktion immer einen guten Schluck (er empfiehlt Rotwein) zu sich nehmen, das hebt die Laune, da macht das Arbeiten gleich mehr Freude und das schmeckt man seiner Meinung nach im fertigen Produkt. „Man erkennt, ob Pasta mit Liebe gemacht worden ist!“, sagt er immer. Na denn: Prost!

Die wichtigsten Bandnudelsorten und verwandte Eierteignudeln:

Tagliatelle: ziemlich dünne, italienische Bandnudeln von ca. 0,5–1 cm Breite
Tagliolini: sehr dünne und schmale Bandnudeln, etwa halb so breit wie Tagliatelle
Taglierini: sehr, sehr dünne und extraschmale Bandnudeln
Taglioloni: ziemlich dünne, aber breite Bandnudeln, etwa 1,5–2 cm
Pappardelle: sehr breite Bandnudeln
Fettuccine: breite Bandnudeln
Fettuccine ricce: breite Bandnudeln, die an einer Seite gekräuselt sind
Lasagne festonate: lange, etwa 3,5 cm breite Nudelblätter
Lasagne: sehr breite, etwas dicker gehaltene Nudelblätter für Aufläufe u.ä.
Paparèle: dünne, etwa 5 mm breite Bandnudeln aus dem Veneto
Garganelli: dünne Quadrate aus Eierteig von 6 cm Kantenlänge werden über ein speziell gerilltes Brett, den sogenannten Kamm, gerollt; die so hergestellten Nudeln erinnern in der Form etwas an Penne und sind außen gerillt
Trenette: sehr dünne Bandnudeln
Mafaldine: sehr breite Bandnudeln, mit hübsch gedrehtem Rand (der an einen Saum erinnert); können aus Eierteig oder auch nur aus Hartweizengrieß hergestellt sein
Maltagliati: wörtlich übersetzt: „schlecht geschnitten“; unregelmäßig geschnittene Teigfleckerln aus Eierteig, kann auch aus unregelmäßigen, kleineren Würfeln bestehen
Bandnudeln: in Deutschland und Österreich übliche Bezeichnung für eine dünne, etwa 1 cm breite und 5–6 cm lange Nudel

Die wichtigsten Bandnudelsorten und verwandte Eierteignudeln:

Hausmacher Nudeln: die klassische Nudel aus Eierteig, welche früher in vielen Haushalten selbst hergestellt wurde; ist entweder der Bandnudel ähnlich oder auch den Fleckerln; es können für die Hausmacher Nudeln 2–8 Eier auf 1 kg Mehl verwendet werden – je mehr Ei, desto besser die Qualität

Breite Nudeln: typische deutsche Nudelform, ähnlich der Pappardelle, aber kürzer und etwas schmäler geschnitten

Fleckerln: in Österreich (und Teilen Ungarns) geläufige Eierteigware, es handelt sich um kleine (meist quadratische) Teigfleckerln, welche für regionale Gerichte (Krautfleckerln) oder als Suppeneinlage verwendet werden; Fleckerln können, je nach Verwendung, größer oder kleiner sein

Csipetke: ungarische, etwa 0,5 cm dicke erbsengroße Teigstücke aus Eierteig (1 Ei auf 120 g Mehl)

Eperlevél: sogenannte „Erdbeerblätter" aus Ungarn, kleine Teigblätter von 0,5–1cm Kantenlänge, welche mit dem Teigrad ausgeradelt wurden

Manuelle Nudelproduktion

Der erste Schritt zur professionellen Nudelherstellung ist sicherlich das manuelle Verfahren – nur so bekommt man das richtige Fingerspitzengefühl für den Teig und wie er sich unter welchen Bedingungen verhält. Außerdem braucht man keine größeren Beträge zu investieren und kann an kleinen Mengen das Teigzubereiten üben. Natürlich können Sie auch bei der manuellen Herstellung eine handbetriebene Nudelmaschine zur Ausformung der Nudeln zu Hilfe nehmen, doch ich empfehle, das nicht zu tun. Erst wenn man den Teig selbst dünn ausrollen kann, hat man ihn richtig im Griff und wird später bei der „Großproduktion" keine bösen Überraschungen erleben. An dieser Stelle gebe ich nun eine Teigbereitung an, die sich für nahezu alle Nudelformen eignet und obendrein ermöglicht, ein Gefühl für das Teigzubereiten zu bekommen.

Nur durch das manuelle Verfahren bekommt man das richtige Fingerspitzengefühl für den Teig.

300 g Weizenmehl
30 g feiner Hartweizengrieß
3 sehr große Hühnereiner (XL), vorzugsweise BIO
1–2 EL Olivenöl
1 gute Prise Salz

Schritt 1

Das Mehl mit dem Grieß auf eine Arbeitsfläche häufen und in der Mitte eine Mulde formen – wenn Sie sich bei der Teigbereitung nicht sicher sind, dann nehmen Sie am Anfang bitte eine Rührschüssel zur Hand, damit die Eiermasse später nicht am Boden landet!

In die Mehlmulde wird die Eiermischung gegossen.

Die Eier in ein Schälchen schlagen und locker mit Olivenöl und Salz verquirlen. Die Eiermischung in die vorbereitete Mulde gießen. Mit einer Gabel nach und nach das Mehl vom Rand der Mulde in die Mitte schieben und verrühren. Stützen Sie dabei den Mehlkranz mit der anderen Hand ab, damit er nicht einstürzt. Rühren Sie nach Möglichkeit immer in eine Richtung. Sobald der Teig fester wird, mit beiden Händen weiterarbeiten und ihn dabei zu einer Kugel formen.

Nun muss der Teig sorgfältig durchgeknetet werden, mindestens 10–12 Minuten lang! Dafür die Kugel auf ein Nudelbrett legen und mit den Händen flach drücken. Mit den Handballen von der Mitte nach außen schieben. Den Teig dabei immer etwas drehen, damit er gleichmäßig durchgeknetet wird. Reinigen Sie die Arbeitsfläche immer von Krümelchen, damit diese nicht in den Teig gelangen und ihn verderben können.

Nach Möglichkeit immer in eine Richtung rühren.

Nach 10 bis 15 Minuten Kneten hat der Teig eine glatte und geschmeidige Konsistenz. Er wird jetzt zu einer Kugel geformt, die man in Klarsichtfolie einwickelt und ca. 30 Minuten im Kühlschrank rasten lässt.

Hinweis

In jedem Fall sollte der Teig vor dem Weiterverarbeiten geprüft werden; beim Drücken des fertigen Teiges zwischen Daumen und Zeigefinger soll die Masse gut kleben.

Sollte man sich für einen Teig mit Wasserzugabe entschieden haben, so gilt – wie eigentlich immer, die Flüssigkeit nicht auf einmal dazuschütten, sondern dosiert, damit der Teig nicht zu feucht wird. Wahrscheinlich wird erst die notwendige Erfahrung Ihnen angeben, wie die genaue Flüssigkeitsmenge auszusehen hat, damit die richtige Konsistenz entsteht.

Wasser nicht auf einmal dazuschütten, sondern dosiert.

Schritt 2

In Italien hat man das Ausrollen des Teiges so perfektioniert, dass sich dort ein eigener Beruf gebildet hat: die sogenannten „sfogline“ (von sfoglia: hauchdünnes Teigblatt) sind in der Lage, mit einem Brett und einem Nudelholz den Teig so dünn auszurollen, dass man die Zeitung hindurch lesen kann. Traditionell wird dieses Handwerk – beinahe schon ein Kunsthandwerk – von der Mutter an die Tochter weitervererbt. Das bedeutet, dass nur sehr erfahrene Nudel-Produzenten(innen) den Teig mit einem Nudelholz so dünn ausrollen können, wie es die meisten Rezepte erfordern. Wer sich das – zugegeben schon etwas langwierige – Üben des Teigausrollens ersparen will, der schafft sich eine Nudelmaschine (bitte nur eine gute aus Edelstahl) an; mit dieser kann man auch gleichmäßig dünne Teigstreifen produzieren, die für die meisten Rezepte passen.

Übrigens: in Ungarn habe ich Hausfrauen beobachten dürfen, welche in der Lage waren, den Teig so dünn auszurollen, dass ich den Eindruck hatte, dass er dünner als ein ausgezogener Strudelteig war – unglaublich, mit welchem Geschick die Damen gearbeitet haben!

Für hausgemachte Tagliatelle und gefüllte Teigtaschen (wie z. B. kleine Ravioli oder Kreplach, siehe Seite 108) gibt es im Handel kostengünstige, aber sehr zweckmäßige Maschinen mit speziellen Aufsätzen.

Wer die Kunst des Teigausrollens erlernen möchte, fährt wie folgt fort: Den Teig in 3 oder 4 gleich große Stücke teilen, die so groß sind, dass sie sich leicht handhaben lassen, und diese mit einem Tuch abdecken. Eine große Arbeitsplatte – am besten ein spezielles Nudelbrett – sparsam bemehlen. Ein Teigstück mit einem langen, bemehlten Nudelholz von der Mitte nach außen ausrollen.

Die Arbeitsfläche muss immer so bemehlt sein, dass der Teig nicht klebt.

Rollen Sie dabei das Nudelholz immer von sich weg nach außen und drehen Sie den Teig dabei häufig. Die Arbeitsfläche muss immer so bemehlt sein, dass der Teig nicht klebt. Wenn man einen ebenmäßigen Kreis ausgerollt hat, wird der Teig gefaltet und erneut ausgerollt. Sieben bis achtmal muss man den Teig ausrollen und falten, danach sollte er glatt und etwa 5 mm dick sein.

Nun kommt der wichtige Part am Ausrollen. Der Teig wird in schnellen Bewegungen auf eine maximale Dicke von 2,5 mm ausgerollt – je dünner, desto besser. Eventuelle Löcher, die im Teig einreißen, werden mit Teigresten vom Rand und etwas Wasser zugepickt und dann wieder eingewalkt.

Jede Teigplatte auf ein sauberes Küchentuch legen. Wenn Sie gefüllte Pasta machen wollen, dann werden die Teigplatten mit einem zweiten Küchentuch abgedeckt – dazu mehr im Kapitel: Gefüllte Teigwaren (siehe Seite 77 ff). Sollen es aber lange, dünne, dicke oder breite Bandnudeln oder auch handgeschnittene Pasta-Formen werden, so lässt man die Teigplatten ohne Abdeckung liegen, während man die restlichen Teigportionen bearbeitet. So kann die Oberfläche der fertigen Teigfladen etwas abtrocknen (die Oberflächenfeuchtigkeit nimmt ab).

Nun wird nach der jeweils gewünschten Nudelform weiterverfahren. Für Lasagne oder Maltagliati beispielsweise werden die Platten nur auf die gewünschte Größe und Form geschnitten.

Für Fettuccine rollt man den Teig zu einer Rolle, die dann mit einem langen, scharfen Messer in gleich große Streifen geschnitten wird.

Für alle Arten der Tagliatelle wird der Teig in Streifen der jeweils erforderlichen Breite geschnitten.

Für Pappardelle und breite Nudeln den Teig locker übereinander klappen und in mindestens 3 cm dicke Streifen schneiden – für Pappardelle diese Streifen lang belassen, für breite Nudeln halbieren.

Zum Schneiden eignen sich neben scharfen Messern auch Teigroller oder Teigroller mit gewelltem Rand (z. B. für Lasagnette), die dem Teig ein schönes Muster verleihen. Mit Ausnahme der Maltagliati (für diese kann man z. B. sehr gut Teigreste verwerten) sollten alle Teigwaren nach dem Schneiden eine möglichst gleichmäßige Form und Größe haben. Am Ende dieses Kapitels sind die wichtigsten handgemachten Nudeln und ihre Herstellung noch einmal zusammengefasst rezeptiert.

Grundsätzlich sollte man den zu Nudeln geschnittenen Teig auf einem Küchentuch ausbreiten und nicht mehr als 10–15 Minuten antrocknen lassen, bevor er gekocht wird. Alternativ kann man die Nudeln natürlich auch über Stiele hängen und vollständig abtrocknen lassen – nur nicht in Zugluft, das würde sie brüchig machen; hierzu mehr im Kapitel „Konservieren der Teigwaren".

Für handgeschnittene Bandnudeln den Teig zusammenrollen und mit einem scharfen Messer in beliebig breite Bandnudeln schneiden.

Maltagliati werden mit dem Messer üblicherweise in unregelmäßige Rauten geschnitten.

Den Teig mit der handbetriebenen Nudelmaschine ausrollen und schneiden

Die Maschine sicher und fest am Rand der Arbeitsplatte festschrauben. Lassen Sie die Walzen der Maschine auf der weitesten Einstellung einrasten. Den Teig in 3 oder 4 Teile teilen und jedes Stück zu einer Rolle formen. Die Teigstücke mit dem Nudelholz etwas flach drücken und vorsichtig bemehlen; danach die Platten abdecken.

Den Teig gleichmäßig ohne Ziehen und Schieben durch die Walzen drehen.

Treiben Sie den Teig nun gleichmäßig ohne Ziehen und Schieben durch die Walzen und fangen Sie den Teigstreifen am anderen Ende mit der flachen Hand auf – spreizen Sie dabei die Daumen ab, damit Sie den Teig nicht einreißen. Den Teig zweimal falten, um 90° drehen und wieder durchtreiben. Falls sich der Teig feucht oder klebrig anfühlt, bemehlt man ihn vorsichtig vor dem Durchrollen, bis er ohne Rückstände durchgleitet. Treiben Sie den Pastastreifen 8 bis 10 Mal durch die weiteste Öffnung und wenden ihn dabei, bis er glatt und elastisch ist und sich leicht samtig anfühlt.

Die Nudelmaschine nun eine Stufe dünner einstellen und den Teig durchtreiben – jetzt hat man schon ein gut erkennbares Teigblatt. Das Teigblatt nun dreimal wie einen Briefbogen zusammenfalten und durch die nächst engere Einstellung treiben. Fahren Sie so fort, bis der Teig je

(v.l.n.r.) Den vorbereiteten Nudelteig mit einer Nudelmaschine auswalzen, dabei stufenweise die Walzen enger werden lassen ...

1

2

einmal durch jede Einstellung gedreht wurde und die dünnste Einstellung erreicht ist – oder bis zur gewünschten Dicke durchgedreht wurde. Bestreuen Sie dabei den Teig und die Walzen der Nudelmaschine nach Bedarf immer wieder mit Mehl.

Hinweis

Bei einigen (vor allem preiswerten Modellen) Nudelmaschinen zerreißt die engste Öffnung manchmal den Teig, andere rollen den Teig an der engsten Öffnung nicht wirklich dünn genug aus, wie es manche Rezepte erfordern. In diesem Fall kann man sich damit behelfen, dass man den Nudelteig mehrmals durch die zweitengste Einstellung treibt.

Fertige Nudelblätter auf ein trockenes Küchentuch legen und 10–15 Minuten antrocknen lassen. Sollte der Teig aber zu gefüllter Pasta verarbeitet werden, muss er abgedeckt werden.

Für Tagliatelle und Bandnudeln aller Art kann man den Schneidaufsatz der Nudelmaschinen verwenden – den Aufsatz montieren und den Teig einfach nochmals durch die Walzen treiben. So erhält man gleichmäßige,

… bis man eine dünne Teigplatte hat, die man nun mit dem Schneidaufsatz der Maschine in gleichmäßige Nudeln schneiden kann.

schöne Nudeln. Die Nudeln auf einem bemehlten Tuch ausbreiten und bis zur Verwendung mit Küchentüchern abdecken.
Für Ravioli und andere Teigtaschen gibt es spezielle Aufsätze, bei denen die Nudeln gleich gefüllt und vorgeschnitten werden; dazu aber mehr im Kapitel „Gefüllte Nudeln".

Tipp

Teigreste, die beim Schneiden und/oder Füllen der Nudeln anfallen, können zu kleinen Suppennudeln geschnitten werden, welche man zum Trocknen auf ein bemehltes Tuch breitet und dann nach Bedarf verwendet.

Aufbewahren der Nudeln

Reste der Nudelproduktion können portioniert eingefroren werden.

Grundsätzlich kann man auch im Haushalt mehr Nudeln herstellen, als zunächst benötigt werden. Frisch zubereitete Nudeln schmecken zwar unvergleichlich gut, aber Reste von der Nudelherstellung können entweder portioniert eingefroren werden (halten sich etwa 6 Monate), doch hält der Teig auch 2 Tage im Kühlschrank aus.

Ein Haltbarmachen durch Lufttrocknen ist im Haushalt nicht unbedingt erforderlich, aber durchaus keine Hexerei. Die Nudeln müssen dafür aufgelockert auf einem Tuch in einem zugigen Raum liegen, ab und zu gewendet werden und nach einigen Tagen sind sie trocken. Eine direkte Sonneneinstrahlung ist dabei zu vermeiden, damit die Nudeln nicht durch zu raschen Wasserentzug brüchig werden.

Beim Trocknen benötigt man allerdings etwas Platz, weil die Nudeln nicht zu dicht übereinander liegen sollten. Die Nudeln sind ausreichend abgetrocknet, wenn sie ohne zähe Verformung, leicht knackend, glatt brechen. Sie können nun zur Lagerung in Gläser oder Säcke gefüllt werden.

Maschinelle Nudelproduktion

Eine Teigknetmaschine empfiehlt sich nicht automatisch auch für Eierteigwaren.

Eines vorweg: Während für das Teigkneten bei Hartweizengrieß-Pasta ohne Ei eine Maschine nahezu unerlässlich ist, empfiehlt sich die Teigknetmaschine nicht automatisch auch für Eierteigwaren. Ich habe die Erfahrung gemacht, dass der Geschmack der Nudeln viel feiner und erlesener ist, wenn der Teig per Hand zubereitet wurde. Das ist allerdings nur zu Hause, maximal noch in Restaurantküchen, machbar. Bei sehr großen Teigmengen wird kaum ein Weg an einer leistungsfähigen Maschine vorbeiführen.

Das Angebot an elektrischen Nudelmaschinen im Handel reicht von der Haushaltsgröße, beginnend mit ½ kg Fassungsvermögen Grieß, bis hin zu Größen für den gewerblichen Einsatz mit 5 kg Fassungsvermögen und auch weit mehr – das jeweilige Fassungsvermögen wird vom Hersteller angegeben.

Für die industrielle Fertigung gibt es noch effizientere und leistungsstärkere Modelle und Möglichkeiten, doch hier begeben wir uns auf ein Terrain, wo man eher auf Masse, denn auf Klasse produziert (was nicht Thema dieses Buches sein soll). Tatsächlich sind die Dimensionen für die täglichen Produktionsmengen nach oben offen und vor allem in der Trocknung gibt es allerlei technische Möglichkeiten. Diese mögen effizient und produktiv sein, doch der Qualität dienlich sind sie zumeist nicht. Gerade bei Trocknen ist letztlich nichts so gut wie die reine Luft!

Für die profesionelle Fertigung gibt es effiziente und leistungsstarke Nudelmaschinen.

Teigherstellung

Auch bei der maschinellen Produktion kann man auf ein beinahe unbegrenztes Spektrum verschiedener Teige zurückgreifen. Im Gegensatz zum händischen Teigkneten werden alle Zutaten in einen dafür vorgesehenen Mischbehälter gefüllt. Eine Mischwelle in der Mitte des Behälters (mit einer darunter liegenden Schneckenwelle) sorgt für die Durchmischung des Teiges.

Für das Mischen gilt, dass zunächst die der Maschine entsprechende, abgewogene Masse an festen Zutaten in den Behälter geleert und die Flüssigkeit (Ei, Wasser etc.) während der Rührbewegung der Wellen kontinuierlich dazugegeben wird.

Eine schnelle Zugabe bringt in diesem Fall keinen Zeitgewinn, weil zur Herstellung einer homogenen Masse gleichmäßig und länger gemischt werden muss. Bei der maschinellen Herstellung empfiehlt es

Elektrische Nudelmaschine

Auch bei der Tagliatelleherstellung sollte der Teig feinkrümelig sein.

sich, den Eidotter und das Eiweiß mit einem Schneebesen (oder Mixstab) homogen zu mischen und langsam durch ein Sieb zum Teig zu geben; so können auch noch evt. verbliebene Eierschalenreste ausgesiebt werden.

Je nachdem was für einen Teig man ausgewählt hat, beträgt das Mischen 10–20 Minuten; die Beschaffenheit des Teiges wird im Hinblick auf die zu erzeugende Nudelform im Vorfeld bestimmt. Diese Abstimmung erfolgt durch die Zugabe der notwendigen Flüssigkeit.

Dabei gilt: für längere Nudeln (wie z. B. Band- und Suppennudeln) muss ein streuselartiger Teig von bröseliger Konsistenz angestrebt, für kurze Nudeln (wie z .B. Spiralen, Hörnchen etc.) braucht man einen Teig, in welchem kleinere Klumpen zu sehen sind.

Dies ist bitte nur als Möglichkeit zu sehen und bezieht sich vor allem auf Teige, welche auf Basis von Hartweizengrieß erzeugt werden. Es gibt durchaus auch Nudelteige, die ganz homogen – also ohne Klumpen oder Brösel – gemischt werden.

Tipp

Damit man die Zutaten nicht bei jeder Produktion auf „gut Glück" zusammenmischt, empfiehlt sich 1. Das Verwenden einer Waage und eines Messbechers sowie 2. Aufzeichnungen zu führen. So kann man alle Eventualitäten und Ergebnisse festhalten und den für sich und seine Gegebenheiten „perfekten" Teig herausarbeiten.

Aber es gibt auch vom Gesetzgeber vorgeschriebene Parameter für die Nudelherstellung, das gilt für Österreich und Deutschland im Besonderen, aber auch für Italien, Frankreich oder Spanien. Vor allem das Benennen der Nudeln mit der verwendeten Menge an Ei, aber auch allen anderen Inhaltsstoffen müssen laut Lebensmittelkodex in Österreich und den Leitsätzen für Teigwaren in Deutschland korrekt sein. Wichtig ist hier insbesondere die Menge Ei pro Kilogramm Grieß. So wurde in Österreich festgehalten, dass hausgemachte Eierteigwaren mit mindestens 6 Eiern (entspricht etwa 270 g) pro kg Grieß hergestellt werden müssen. Für Deutschland gilt bei Eierteigwaren „mit besonders hohem Eigehalt" die Zugabe von 300 g Eimasse, was in der Regel ebenfalls 6 Eiern (größeren) entspricht.

Ich persönlich bin der Meinung, dass man Eierteigwaren mit recht viel „Ei" herstellen sollte – sonst bräuchte man sie nicht Eierteigwaren nennen. Ich habe mit verschiedenen Teigen experimentiert und habe festgestellt, dass der Geschmack der Nudeln (insbesondere der von Bandnudeln) einfach besser wird, wenn man 8 Eier auf 1 kg Grieß (oder Mehl) rechnet. Aber wie angesprochen: das Mischungsverhältnis des Teiges ist Rezept-, Geschmacks- und Erfahrungssache. Natürlich spielen zuweilen auch wirtschaftliche Überlegungen eine Rolle – aber sie dürfen nicht dazu führen, dass man am falschen Eck spart und der Geschmack oder die Qualität der Nudel darunter leidet. Also lieber ein Ei mehr dazugeben, als zum Wasser greifen zu müssen.

Das Mischungsverhältnis des Teiges ist Erfahrungs-, Geschmacks- und Rezeptsache.

Tipp

Als Probe für den passenden Teigzustand von langen Nudeln (zur Erinnerung: streuselartig, bröselig) wird der homogen gemischte Teig mit der Hand zusammengedrückt, er muss beim Loslassen dann nicht als ganzer Klumpen liegenbleiben, sondern wieder in kleinere Teile zerfallen. Dieser Tipp gilt aber nur für den Grundteig, bei dem etwa 360 g Eiermasse auf 1 kg Hartweizengrieß gemessen wurden.

Das Formen des Teiges

Hat man den Teig seiner Wahl hergestellt, wird er durch einfaches Umschalten der Laufrichtung der Schnecke durch den Presskanal zur Matrize befördert. Diese ist genau genommen das Herzstück einer jeden Nudelmaschine, denn sie entscheidet über Form und Aussehen der Nudeln, aber auch, ob die Oberfläche der Nudeln glatt wird (was bei Teflon-Matrizen der Fall ist) oder ob die Oberflächenbeschaffenheit der Pasta rau ist (was Messing-Matrizen bewirken).

Die Qualität der erzeugten Nudeln hängt nicht nur von den verwendeten Zutaten und dem Teigmischen ab, sondern auch von der Durchsatzmenge. Eine zu hohe Schneckendrehzahl führt zu einer starken Erwärmung des Teiges beim Pressen, was die Nudelqualität ungünstig beeinflusst. Eine zu hohe Temperatur wirkt sich nämlich höchst negativ auf

Mit dieser Matrize werden Mafalde erzeugt.

Eine zu hohe Temperatur wirkt sich höchst negativ auf das Klebereiweiß aus.

das Klebereiweiß des Weizens aus, welches für die Formstabilität und die spätere Kochqualität entscheidend ist.

Will man einen möglichst hohen Durchsatz für große Produktionen, so sollte man leistungsstarke Maschinen wählen, welche über einen wassergekühlten Presskanal verfügen.

Tipp

Matrizen gibt es in vielen verschiedenen Varianten, sie sind leicht auswechselbar. Die meisten Hersteller bieten Sets mit 3/6 oder auch mehr verschiedenen formgebenden Matrizen an.

Wie bereits gesagt, ist der formgebende Bestandteil der Nudelmaschine die sogenannte Matrize. Manche Hersteller sind der Ansicht, dass Teflon-Matrizen nicht nur den Vorteil haben, leichter zu reinigen zu sein, sondern auch den, dass die Nudelfarbe bei getrockneten Nudeln besser zur Geltung kommt. Das mag sogar stimmen, ist aber höchstens im Verkaufsregal von Bedeutung, da beide Nudelsorten nach dem Kochen – egal ob aus Teflon oder Messing gepresst – wieder die gleiche Farbe

Verschiedene Matrizen für Pasta lunga und corta

haben. Ich persönlich würde Bronze- oder Messing-Matrizen empfehlen, weil sie die Oberflächenbeschaffenheit der Nudeln positiv beeinflussen.
Für eine gute Nudelqualität ist die Betriebstemperatur der Matrize entscheidend – der Teig sollte dabei nicht mehr als 50 °C erreichen, weil – wie bereites angesprochen – für die Formgebung das Weizeneiweiß in einer vernetzten Struktur verantwortlich ist. Brechen diese Vernetzungen oder lösen sie sich auf, sind die Nudeln eigentlich unbrauchbar, denn sie können beim Kochen zerfallen.

Lösen sich die durch Klebereiweiß entstandenen Vernetzungen, zerfallen die Nudeln beim Kochen.

Ich empfehle daher immer einen Probelauf zu Beginn der Nudelproduktion. Er bewirkt einerseits eine Art Temperaturanpassung der Matrize, andererseits aber auch eine Reinigung selbiger; in jeder Matrize befinden sich immer Teigreste von der vorangegangenen Produktion – das lässt sich auch bei gründlichster Reinigung kaum vermeiden. Mit dem Probelauf werden die ersten Nudeln einfach aufgefangen, entsorgt und die Matrize ist für die Produktion bereit.

Tipp

Bei größeren Produktionen empfiehlt es sich, mit einem zusätzlichen Siebeinsatz vor der Matrize zu arbeiten. Er verursacht zwar eine geringere Pressleistung, verhindert aber das Verstopfen der Matrize durch Eierschalenreste, Teigklümpchen und anderes. Bei sehr großen Produktionen sollte man mit einer separaten Teigknetmaschine und mindestens zwei Nudelmaschinen arbeiten.

Neben den unterschiedlichen Hauptzutaten (Mehlsorte, Grießsorte etc.), den verschiedenen Farb- und Geschmacksgebern (siehe Kapitel „Färben der Nudeln"), den unterschiedlichen Matrizen und den daraus resultierenden Formen ist die Länge der Nudeln ein weiteres Merkmal, die Sortenvielfalt zu bereichern. Für die Länge der Nudeln ist bei Maschinen die Abschneide-Vorrichtung, welche die austretenden Nudeln unmittelbar an der Matrizenoberfläche (beim Austritt) anschneidet, verantwortlich. Hier können ein- bis vierflügelige Messer montiert werden, die Drehgeschwindigkeit ist in den meisten Fällen stufenlos regulierbar. So können – bei entsprechender Einstellung – von ganz kurzen Nudeln bis sehr langen Exemplaren alle gewünschten Längen hergestellt werden. Dabei gilt: je mehr Messer eingesetzt werden und je schneller die Drehgeschwindigkeit, desto kürzer die Nudeln!

Für die Länge der Nudeln ist bei Maschinen die Abschneidvorrichtung verantwortlich.

Ein paar Praxisbeispiele

Alle nachstehenden Rezepte sind nur Vorschläge und allgemeingültige Richtwerte – sie können ganz nach persönlichem Geschmack abgewandelt werden. Vor allem die angegebenen Wassermengen sind als „circa-Angaben" zu verstehen!

Elsässische Hausmachernudeln

500 g Mehl
8 Eier
1 Schuss Essig
1 gehäufter TL Salz
Butter zum Schwenken
Frischhaltefolie

Das Mehl in eine Schüssel sieben. Die Eier in eine zweite Schüssel schlagen und mit Salz und Essig verrühren. Eiermischung in das Mehl einarbeiten und zu einem Teig verkneten (wenn dieser zu fest ist, etwas Wasser hinzufügen). Den Teig ausgiebig durchkneten, dann zu einer Kugel formen, in Folie einschlagen und eine Stunde rasten lassen.

Den Teig in vier Teile portionieren, diese grob auswalken und anschließend in einer Nudelmaschine sehr dünn ausrollen. Die Teigblätter zum Trocknen aufhängen – sie dürfen aber nicht fest werden. Die Teigblätter leicht mit Mehl bestauben, zusammenrollen und in Streifen von etwa 4 cm Breite schneiden. Die fertigen Nudeln auf Küchentüchern ausbreiten.

Die Nudeln werden in leicht gesalzenem Wasser, dem man ein Stück Butter zufügt, gekocht (etwa 6 Minuten), dann abgetropft und in zerlassener Butter geschwenkt.

Fadennudeln

ca. 250 g Mehl
2 Eier
1 gute Prise Salz

Eier und Mehl mit einer Prise Salz zu einem festen Teig verkneten – die genaue Mehlmenge hängt von der Größe der Eier ab: das Mehl sollte, ohne Zugabe von Wasser, die ganze Flüssigkeit aufnehmen.

Den Teig sehr dünn ausrollen, ohne dabei die Teigrolle mit Mehl einzureiben. Dann die hauchdünne Teigplatte in die gewünschte Form schneiden: hauchdünne Streifen sind hier gewünscht! Die Teigfäden werden zumeist als Suppeneinlage verwendet.

Hausgemachte breite Nudeln

400 g Mehl
3 Eier
200–300 ml Wasser
Salz
etwas Öl

Das Mehl in eine Schüssel sieben, in die Mitte eine Vertiefung drücken und die Eier sowie das Salz hineingeben. Nach und nach 200–300 ml Wasser zufügen – die Wassermenge hängt vor allem von der Beschaffenheit des Mehls ab.

Zunächst alles mit den Fingern vermischen, dann den Teig auf einer bemehlten Arbeitsfläche so lange mit der Hand kräftig durchkneten, bis er weder an den Händen, noch an der Arbeitsfläche haften bleibt. Den Teig in zwei Portionen halbieren, jede Hälfte zu einem Laib formen und mit etwas Öl einpinseln. Die Teigkugeln 15 Minuten ruhen lassen.

Die Teigstücke mit einem bemehlten Nudelholz (kein Nudelwalker, sondern ein gleichmäßiges Rundholz von etwa 5–6 cm Durchmesser) gleichmäßig dünn ausrollen, dabei Arbeitsfläche, Teig und Nudelholz immer wieder nach Bedarf mit Mehl stauben. Für eher kurze, beinahe quadratische Bandnudeln sollte der Teig hauchdünn, für längere Bandnudeln etwa messerrückendick sein.

Die Teigplatten auf ein frisches Küchentuch legen und etwas trocknen lassen, damit die Teigschichten später beim Aufrollen nicht aneinander haften.

Dann die Teigplatten einzeln auf das Nudelholz aufrollen und in der Mitte längs (entlang des Nudelholzes) durchschneiden. Die so entstandenen Teigstücke nach Bedarf in Form schneiden: für kurze, quadratische Nudeln in 1,5–3 cm große Vierecke, für Bandnudeln in etwa 5 mm–1 cm breite Streifen und für sogenannte „Handnudeln" den Teig einfach nur in etwas größere, ungleichmäßige Stücke zerreißen. Die Nudeln möglichst bald kochen oder zum Konservieren vollends trocknen lassen.

Tagliatelle

400 g Weizenmehl (Typ 405) oder 350 g Mehl und 50 g sehr feiner Hartweizengrieß
4 Eier
1 Prise Salz

Das Mehl auf eine Arbeitsplatte häufen, in die Mitte eine Mulde drücken und die Eier zusammen mit einer Prise Salz hineingeben. Das Mehl mit einer Gabel oder den Fingerspitzen behutsam unter die Eier mischen. Den Teig nun so lange bearbeiten, bis er elastisch ist und sich beim Durchschneiden an der Schnittfläche kleine Bläschen zeigen. Anschließend in ein bemehltes Tuch einschlagen und etwa 15–20 Minuten rasten lassen.

Den Teig von der Mitte ausgehend ziemlich dünn und gleichmäßig ausrollen (kann man in zwei Etappen machen). Das Teigstück kurz antrocknen lassen. Den Teig auf der Oberfläche leicht mit Mehl stauben, danach zusammenrollen und mit einem Messer Streifen von 1 cm Breite (eventuell auch etwas breiter oder schmäler) abschneiden. Die Nudeln auf einem bemehlten Tuch ausbreiten und trocknen lassen.

Hinweis

Zur Geschmacksverbesserung wird in manchen Gegenden Italiens noch ein Schuss Milch zum Ei gegeben, andere geben etwas Olivenöl dazu, um den Teig geschmeidiger zu machen. Ich habe aber auch erlebt, dass manche Hausfrauen den Teig nur mit Mehl und Wasser zubereitet haben.

Im Piemont gibt es eine Sonderform der Tagliatelle, welche „tajarin" genannt wird. Im Grunde ist ihre Herstellung genauso wie die der Tagliatelle, nur wird der Teig ganz besonders dünn ausgerollt!

Maccheroni

1 kg Hartweizengrieß
330 ml Eivolumen
evt. etwas Wasser (Gefühlssache)

Diese beliebte Pasta kann man entweder mit einem reinen Teig aus Hartweizengrieß und Wasser herstellen (siehe hierzu auch italienische Pasta aus Hartweizengrieß) oder als Eierteigware. In diesem Fall sollte aber die Eimasse nicht ganz so hoch angesetzt werden.

Den Grieß in den Mischbehälter sieben – das Sieben verhindert ein Verklumpen. Das Ei mit einem Schneebesen sauber verrühren, dann langsam(!) zum Grieß geben und mittels des Rührwerkes zu einem Teig kneten – dauert ca. 10 Minuten.

Eine Matrize für Maccheroni aufschrauben. Diese Matrize formt den Teig zu einer speziellen Hohl- bzw. Röhrennudel, die von Daumenlänge zu Spaghetti-Länge reichen darf. Weitere Variationsmöglichkeiten gibt es bei Maccheroni durch unterschiedlich große Durchmesser und die Oberflächengestaltung. Die Oberfläche kann dabei entweder glatt (klassisch), gerillt (rigate) oder sogar gedreht sein. Kurze Maccheroni mit gerillter Oberfläche und einem recht großen Durchmesser nennt man übrigens Rigatoni.

Den vorbereiteten Teig durch den Presskanal zur Matrize drücken und gleichmäßig lange Maccheroni formen. Die Nudeln aufhängen und trocknen lassen.

Maschinell erzeugte Dinkel-Bandnudeln

1 kg Dinkelvollkornmehl
ca. 250 ml Wasser
4–5 EL Öl
Salz

Variante
600 g Dinkelvollkornmehl
400 g Dinkelgrieß
1–2 Eier
ca. 250 ml Wasser
1 Schuss Öl
1 Prise Salz

Teig im Rührgerät kneten, dann durch den Presskanal zur Matrize befördern und zu dünnen, eher kurzen Bandnudeln formen.

Bandnudeln aus Dinkelvollkornmehl

Spätzle, Knöpfle, Nockerln & Spatzen

Spätzle & Knöpfle

Nockerln & Spatzen

Um ein gängiges Missverständnis vorweg klarzustellen: Spätzle sind keine Nockerln und Nockerln auch keine Spätzle. Der Hauptunterschied zwischen diesen beiden beliebten Nudelsorten liegt im Teig, welcher bei den Spätzle sehr viele Eier beinhalten kann, während bei Nockerln im Normalfall nur wenig Ei verwendet wird.

Knöpfle sind eine Sonderform der Spätzle. Sie werden aus einem Spätzlegrundteig hergestellt, aber nicht vom Brett geschabt, sondern mittels eines großlöchrigen Knöpfle-Siebes oder gar eines Reibeisens hergestellt.

Insbesondere im alemannischen Raum, aber auch in weiten Teilen Österreichs und Süddeutschlands sowie in manchen alpenländischen Regionen gelten diese Nudelvarianten als Grundnahrungsmittel und zählen zur alltäglichen Ernährung. Einst waren auch sie traditionelle Speisen der sogenannten „Arme- Leute-Küche", doch heute hat sich ihr Image dramatisch gewandelt. Der Zeitaufwand für hausgemachte und vom Brett geschabte Spätzle ist doch nicht unerheblich und recht arbeitsaufwändig – und weil Arbeit teuer ist, gelten sie heute als Delikatesse und werden nicht selten als die Hausspezialität auf Speisekarten angepriesen.

Natürlich gibt es auch hier verschiedene Varianten, mit denen der Teig verfeinert oder abgewandelt werden kann. So gibt es beispielsweise Spinat-, Kräuter- oder Tomatenspätzle, bei denen der Teig mit passiertem Spinat, gehackten Kräutern bzw. Tomatenmark aromatisiert wird. Bei anderen Rezepten werden Zieger, Topfen oder Sauerrahm in den Teig ge-

mischt, und wieder andere Varianten experimentieren mit verschiedenen Mehlsorten. Auch in diesem Kapitel gilt: Der Fantasie sind keine Grenzen gesetzt.

Nockerln wiederum sind den Knöpfle verwandt, beinhalten aber noch weniger Ei. Sie dienen zumeist als Beilage (z. B. zu Kalbsrahm-Gulasch, Paprika-Hendl etc.) oder werden zu den berühmten Wiener Eiernockerln verarbeitet. Neben Weizenmehl finden auch Grieß, Dinkelmehl und andere Mehlsorten Verwendung für Nockerln.

Die sogenannten Spatzen sind dann endgültig das ultimative „Arme-Leute-Essen“, weil sie vollkommen ohne Ei auskommen. Sie werden z. B. als warme Mehlspeise mit Früchten und Beeren genossen oder auch abgeröstet mit Kraut gegessen.

Spatzen werden vollkommen ohne Ei hergestellt.

Spätzle & Knöpfle

Generell gibt es für die Zutaten des Spätzle-Teiges kein allgemeingültiges Rezept, jedoch die „Vorschrift“, sehr viel Eier zu verwenden – mindestens 5 Stück auf 500 g Mehl. Manche Schwäbischen Köche nehmen gar so viel Ei, wie der Teig aufnehmen kann; ich persönlich habe gute Erfahrung mit 6 großen Eiern/500 g Mehl gemacht.

Grundsätzlich wird Spätzleteig aus Weizenmehl, Eiern, Wasser und Salz hergestellt. Das Weizenmehl kann aber durch Vollkornmehl, Dinkelmehl oder sogar Hartweizengrieß (fein) ersetzt werden, auch Mischungen sind möglich – doch muss an dieser Stelle gesagt werden, dass einzig das Dinkelmehl gewohnt flaumige und gute Spätzle ermöglicht.

Wenn man Mineralwasser oder Sodawasser statt dem normalen Leitungswasser verwendet, so wird der Teig lockerer. Wichtig ist aber vor allem das gründliche Abschlagen des Teiges – er muss(!) Blasen werfen.

Verwendet man Mineral- oder Sodawasser, wird der Teig lockerer.

Weiters ist darauf zu achten, dass man die Spätzle in einem großen Topf mit viel Salzwasser gart. Ein Abschrecken nach dem Kochen ist nur dann wirklich sinnvoll, wenn man die Spätzle anschließend aufheben oder tieffrieren möchte.

Spätzle sollten vom Brett geschabt werden, für Knöpfle gibt es ein spezielles Sieb. Eine Spätzlepresse macht gleichmäßige lange Nudeln, die aber zu sehr an industrielle Massenproduktion erinnern. Das Geheimnis vollendeter Spätzle ist nämlich, dass sie nicht gleichmäßig dick sind.

Krautspätzle (Rezept siehe Seite 70)

Spätzle-Grundrezept (Hausmacherspätzle)

Echte Hausmacherspätzle werden vollendet mit einem nassen Messerrücken (oder einem speziellen Schaber) aus dottergelbem Teig per Hand(!) in siedendes Salzwasser geschabt. Der eher zähflüssige Teig zieht beim Ablaufen vom Messerrücken Fäden, so dass die typische Form dieser Eierteigware entsteht.

500 g Mehl (Typ 405 oder spezielles Spätzlemehl)
5 Eier
etwas Wasser (nach Bedarf)
Salz

Wenn der Teig langsam und zäh von einem Löffel fließt, ist er gut.

Die angegebenen Zutaten in eine Schüssel füllen und schlagen, bis der Teig Blasen wirft. Traditionalisten verwenden dafür die Hände, andere einen Holzlöffel mit Loch. Wenn der Teig ohne zu reißen langsam und zäh von einem Löffel fließt, ist er gut (ist er zu feucht, etwas Mehl dazugeben, ist er zu trocken, noch etwas Wasser hinzufügen).

In einem großen Topf reichlich Wasser erhitzen, dieses gut salzen. Ein Sieb zum Abtropfen parat stellen.

Wenn das Wasser kocht, das Spätzlebrett und den Schaber (bzw. das Messer oder die Palette) zum Anfeuchten eintauchen. Etwa zwei Esslöffel Teig auf das Brett geben und glatt streichen. Das zugespitzte Ende des Brettes an die Wasseroberfläche halten und mit dem bevorzugten Werkzeug kleine Streifen vom Teig ins Wasser schaben. Wie groß die Spätzle dabei werden, hängt vom Geschick und natürlich auch „Geschmack" des Kochs ab – ich bevorzuge nicht gar so dünne Exemplare.

Schwimmen die Spätzle oben, sind sie gar.

Wenn die Spätzle oben schwimmen, sind sie gar und werden mit einer Schaumkelle aus dem Salzwasser herausgehoben. Im Sieb abtropfen lassen. Aus dem restlichen Teig analog Spätzle zubereiten – darauf achten, dass das Werkzeug nicht mit Teigresten verklebt und dass immer genügend kochendes Wasser im Topf ist.

Weiterverarbeitung

Spätzle sollten möglichst frisch verzehrt werden; abgetropft in heißer Butter (oder Schmalz) schwenken, ist das Beste!

Man kann die frisch zubereiteten Spätzle aber auch in kaltem Wasser abschrecken (damit sie nicht weitergaren) und über den Tag verteilt portionsweise verwenden – das empfiehlt sich für kleinere Lokale mit wenig Personal.

Die in kaltem Wasser abgeschreckten und danach abgetropften Spätzle können auch gut in Vakuum-Schüsseln eingeschweißt und/oder eingefroren werden – sie verlieren durch Tiefkühlen aber etwas an Geschmack.

Richtige Hausmacherspätzle können eigentlich nicht getrocknet werden – das, was im Handel unter „getrockneten Spätzle" kursiert, schmeckt nach Vielem, nur nicht nach Spätzle.

Für Spätzle vom Brett wird der Teig auf ein Brett gestrichen und mit einer Palette (oder einem Messerrücken oder einer Teigkarte) in einzelne Spätzle geschnitten, die man mit einer durchgehenden, zügigen Bewegung vom Brett ins siedende Salzwasser schabt. Die unregelmäßige Form der Brettspätzle ist durchaus erwünscht und ein echter Beweis für „Hausgemacht"!

Hinweis

1. **Nicht wenige Köche schwören darauf, dass Spätzle besonders flaumig und duftig werden, wenn man Sodawasser statt Leitungswasser verwendet.**
2. **Gibt man etwas Öl oder zerlassene Butter in den Teig, so wird er geschmeidiger.**

Moderne Spätzle-Variante

500 g Weizen-Mehl
4 Eier
Milch nach Bedarf
1 Prise Muskatnuss
Salz

Aus den Zutaten mit einem Handrührgerät (Knethaken) einen homogenen Teig kneten – in diesem Fall sollte der Teig fester sein, daher weniger Flüssigkeit nehmen als beim Grundrezept.

Den Teig partienweise in eine Spätzle-Presse füllen und ins heiße Salzwasser pressen. Wenn die Spätzle oben schwimmen, sind sie gar. Ansonsten wie im Grundrezept weiter verfahren.

Eier-Spätzle

500 g Weizen-Mehl
6 Eier
2–4 Dotter
Salz

Aus den Zutaten einen homogenen Teig herstellen und diesen zu Spätzle (siehe Grundrezept) weiter verarbeiten. Die Anzahl der verwendeten Dotter hängt davon ab, wie viel Ei das Mehl aufnehmen kann.

Gute Spätzle für Festtage

350 g Mehl
8 Eier
50 ml Wasser oder Milch
1 Prise Muskatnuss
1 Prise weißer Pfeffer
1 TL Salz

Aus den angegebenen Zutaten einen homogenen Teig herstellen und diesen portionsweise vom Brett in heißes Salzwasser schaben, wie beim Grundrezept angegeben (oder auch durch einen Spätzlehobel pressen).

Die Spätzle sind gar, wenn sie an der Oberfläche schwimmen. Abschöpfen, abtropfen und in zerlassener Butter geschwenkt servieren.

Krautspätzle

800 g Weißkraut, geschnitten
1 kleine Zwiebel, fein gehackt
2 – 3 EL Schweineschmalz
Etwas Most- oder Weinessig
1 Prise Kümmel
Salz und Pfeffer

Nach dem Spätzle-Grundrezept auf Seite. 68 zubereiten.

Das, in kleine Fleckerln geschnittene Weißkraut und die gehackte Zwiebel mit einer Prise Salz in heißem Schmalz in einer großen Pfanne scharf anbraten, Hitze zurücknehmen, einen Schuss Essig zugeben und alles zugedeckt langsam dünsten lassen. Nach Wunsch mit Kümmel und Pfeffer würzen.

Gekochte und abgetropfte Spätzle/Nockerln in gleicher Menge daruntermischen, abschmecken und mit Speckwürfeln verfeinert servieren (Abb. Seite 66)

Knöpfle

Grundsätzlich kann man auch einen Spätzle-Teig für die Zubereitung von Knöpfle hernehmen, traditionell werden die Knöpfle aber mit weniger Ei zubereitet:

500 g Weizen-Mehl
3 Eier
Wasser oder Milch
Salz

Aus den angegebenen Zutaten einen homogenen Teig bereiten und diesen durch ein spezielles Knöpfle-Sieb (oder ein umgedrehtes Reibeisen) ins kochende Wasser streichen. Wenn die Knöpfle oben schwimmen, sind sie gar.

Brennnessel-Knöpfle

500 g Mehl
4 Eier
6 EL Brennnesselpüree
Wasser nach Bedarf
Salz

Vorbereitung: Zuerst nimmt man ein großes Bund junger Brennnesseln und spült sie unter kaltem Wasser ab; so „brennen" sie nicht mehr. Die Blätter von den Stängeln zupfen und in kochendem Salzwasser kurz blanchieren, danach eiskalt abschrecken und leicht trocknen. Die Brennesselblätter anschließend in einer Küchenmaschine pürieren.

Aus Mehl, Eiern, Brennnesselpüree, Salz und etwas Wasser einen nicht zu festen Teig herstellen. Der Teig wird durch ein umgedrehtes Reibeisen (oder Knöpfle-Sieb) in kochendes Wasser gestrichen. Knöpfle kochen lassen, bis sie oben schwimmen, dann abtropfen und abschrecken.

Brennnessel-Knöpfle schmecken wunderbar (zusammen mit einem Salat) in zerlassener Butter geschmälzt oder als Beilage zu Lammkoteletts, Wildgerichten und Pilz-Ragouts.

Hinweis

Fälschlicherweise werden die Brennnessel-Knöpfle oftmals als Brennnessel-Nockerln bezeichnet.

Teigvarianten für Spätzle und Knöpfle

All diese Teigvarianten können sowohl für Spätzle als auch für Knöpfle verwendet werden. Angegeben habe ich jeweils die Variante, welche gängiger ist.

Kräuter-Spätzle: dem Grundrezept vom Spätzle-Teig frisch gehackte (oder gemahlene) Kräuter zufügen; man berechnet 4–5 EL Kräuter auf 500 g Mehl. An Kräutern eignen sich z. B. sehr gut Petersilie, Kerbel, Schnittlauch und Pimpernelle, aber auch mit Thymian, Rosmarin oder Oregano lassen sich interessante Geschmacksvarianten erzeugen. Großblättrige Kräuter wie Sauerampfer oder Basilikum sollte man püriert in den Teig mischen.

Unerlässlich für die Herstellung von Knöpfle sind entweder ein Knöpflehobel (oben) oder ein Knöpflesieb (unten).

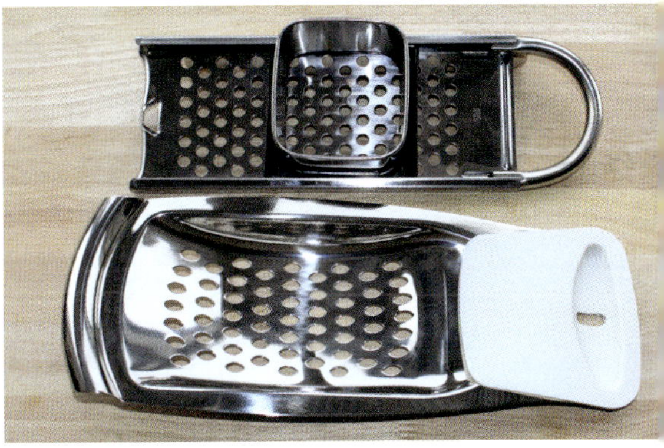

Tomaten-Spätzle (Variante 1): 500 g Mehl, 5 Eier, 3 EL dreifach konzentriertes Tomatenmark, 150–175 ml Wasser, geriebene Muskatnuss nach Geschmack, Salz

Tomaten-Spätzle (Variante 2): 500 g Mehl, 2–4 EL Grieß, 8–12 Eigelb (oder 6 Eier), 4 EL Tomatenmark, eine Prise frisch geriebene Muskatnuss, Meersalz (bei diesem Teig zuerst Mehl und Grieß vermengen, dann 2 Eigelbe und das Tomatenmark einarbeiten, dann erst nach und nach die restlichen Eier untermischen; wenn der Teig Blasen wirft, 30 Minuten rasten lassen, dann vor dem Kochen nochmals ordentlich durchschlagen).

Quark-Spätzle (Topfen-Spätzle): 250 g Mehl, 250 g Quark, 2 Eier, 1 Dotter, etwas Milch, Salz (diesen Teig vor dem Kochen mindestens 20 Minuten ruhen lassen).

Vollkorn-Spätzle: statt dem angegebenen Weizenmehl ein Vollkornmehl verwenden, in diesem Fall wird man mehr Flüssigkeit (und/oder auch mehr Ei) zugeben müssen.

Spinatknöpfle: 400 g Mehl, 2 Eier, 250 g durch den Wolf gedrehten Spinat, Muskatnuss, Salz

Spinatknöpfle in Schinken-Obers-Sauce

Rotwein-Knöpfle: 500 g Dinkelmehl, 5 Eier, 200–250 ml kräftiger (sehr guter) Rotwein, 1 TL fein zerriebene Rosmarinnadeln, 1 kleine Prise Zucker, Salz

Dinkel-Knöpfle: 500 g Dinkelmehl, 8 Eier, Salz

Safran-Knöpfle: 400 g Mehl, 6 Eier, 100 ml Wasser, 0,1 g gemahlener Safran (wer ein besonders intensives Aroma will, nimmt 0,2 g), 1 EL sehr weiche Butter (oder zerlassene Butter), 1 TL Salz (hier ist zu beachten, dass man den Safran zuerst im heißen Wasser 30 Minuten einweichen lässt; dann wird das Safranwasser für den Teig verwendet) – bei diesem Teig-Rezept den Knethaken eines Rührgerätes einsetzen.

Paprika-Knöpfle: 500 g Mehl, 5 Eier, ca. 175 ml Wasser, 3–4 EL Paprikapulver (rosenscharf oder edelsüß, je nach Belieben), etwas Öl, Salz

Mehl, Eier und Salz ...

... mit wenig Wasser verrühren.

Paprikapulver dazugeben.

Paprikapaste sorgt für eine intensive Farbe.

Harissa für eine pikante Note.

Kräftig durchschlagen, bis er Blasen wirft.

Teig portionsweise auf ein Knöpfle-Sieb geben und ...

... mit einem Spatel durch die Löcher in siedendes Salzwasser pressen.

Mit einem Sieb herausholen und abtropfen lassen.

Die frischen Knopfle konnen nun nach Belieben weiterverarbeitet werden, schmecken aber auch nur in Butter abgeschmalzen ausgezeichnet.

Nockerln & Spatzen

Nockerln, Nocken und Spatzen sind sehr ähnliche Produkte, die sich hauptsächlich durch den Namen voneinander unterscheiden. Fälschlicherweise werden Nockerln und Spatzen oft (aufgrund regionaler Dialekte) den Spätzle gleichgesetzt, was irreführend ist.

Die Teigbereitung erfolgt zwar – wie bei den Spätzle – mit Mehl, Ei, Wasser und Salz, doch unterscheidet sich der Nockerlteig vom Spätzleteig dadurch, dass er

1. viel fester ist und
2. viel weniger Ei (bis gar kein Ei) beinhaltet.

Der Nockerlteig wird im Normalfall nicht blasig geschlagen, sondern nur solange bearbeitet, bis er glatt und fest ist.

Wiener Nockerln

Die traditionelle Beilage zu Kalbsrahm-Gulasch, ungarischen Pörkölt-Gerichten oder Paprika-Hendel.

500 g Mehl
2 Eier
200–250 ml Wasser
1 Prise Salz

Die Eier mit Salz und zunächst einmal 200 ml Wasser verschlagen. So viel Mehl dazu geben, dass ein geschmeidiger, dickflüssiger Teig entsteht. Mit einem Holzlöffel gut durcharbeiten, dann den Teig durch ein umgedrehtes Reibeisen oder ein Nockerl-Sieb in reichlich siedendes Salzwasser streichen. Wenn die Nockerln an der Oberfläche schwimmen, mit der Schaumkelle herausheben und für die baldige Weiterverarbeitung in lauwarmem Wasser, für eine spätere Verwendung (oder Konservierung) in kaltem Wasser abschrecken – abtropfen lassen.

Butternockerln

Können abgeschmalzt als Beilage verwendet werden oder auch frisch als Suppeneinlage.

400 g Mehl
250 g Butter
8 Eier
8 EL Milch
4 in Milch eingeweichte Semmeln
½ TL Salz

Eingeweichte Semmeln gut ausdrücken, dann durch den Fleischwolf drehen oder passieren. Die Eier trennen, das Eiweiß zu steifem Schnee schlagen. Die Butter flaumig abtreiben, Dotter und die passierte Semmelmasse unterheben, salzen. Das Mehl untermischen und die Masse mit dem Eischnee auflockern – den Schnee in drei Portionen vorsichtig untermischen.

Mit einem Löffel Nockerln aus dem Teig stechen und diese etwa 10 Minuten in Salzwasser kochen; abtropfen lassen. Als Suppeneinlage verwenden oder abgeschmälzt als Beilage auftischen. Da die Butternocken nicht wirklich konserviert werden können, muss man sie immer frisch zubereiten.

Ungarische Nockerln

400 g Mehl
2 Eier
100–200 ml Wasser oder Milch
etwas Öl oder zerlassene Butter
1 Prise Salz

Diese Form der Nockerln wird als Beilage oder auch für das Rezept der sogenannten „Eiernockerln" (die fertigen Spätzle zusammen mit beliebiger Menge Ei und Butter abrösten, mit Salz, Schnittlauch und Pfeffer würzen) verwendet.

Eier mit Flüssigkeit verquirlen, dann Mehl und Öl einarbeiten. Alles zu einem homogenen Teig verarbeiten und wie gewohnt (siehe Wiener Nockerln) kochen.

Nackerte Nockerln

600 g Mehl
150 g zerlassene Butter
4 Eier
250 ml Milch
½ TL Salz

Werden meist als Beilage zu Linsen oder einem Ragout-Gericht gereicht.

Aus den Zutaten einen nicht zu festen Teig herstellen, den man gründlich durcharbeitet. Mit einem Löffel eher größere Nockerln ausstechen, diese in Salzwasser garen und anschließend gut abtropfen lassen. Die Nockerln können gut eingefroren werden.

Nockerln vor dem Servieren in reichlich zerlassener Butter schwenken und nochmals mit Salz abschmecken.

Variante:

Nach Wunsch können die Nackerten Nockerln auch mit frischen Kräutern, Muskatnuss und/oder Pfeffer gewürzt werden.

Rahm-Nockerln

500 g Mehl
250 ml Sauerrahm
2 Eier
½ TL Salz

Aus den angegebenen Zutaten einen Teig kneten (bei Bedarf noch etwas Flüssigkeit [Milch] dazugeben) und wie gewohnt verarbeiten.

Griessnockerln

400 g Grieß
4 Eier
50 g Butter
½ TL Salz

Werden zumeist als Suppeneinlage verwendet.

Die Butter mit dem Ei schaumig rühren, salzen und anschließend mit dem Grieß gut vermischen; die Masse im Kühlschrank 30 Minuten ziehen lassen. Mit einem Teelöffel kleine Nocken ausstechen und diese in köchelnder Fleischbrühe gar ziehen lassen.

Hinweis

Die Nockerln sind perfekt gegart, wenn sie fluffig und flaumig sind, innen aber noch einen bissfesten Kern haben. Besonders fein schmecken sie, wenn man ½ TL feinst gehackte schwarze Trüffel unter die Masse mischt.
In Österreich und Ungarn gibt es einen speziellen Nockerl-Grieß. Wenn man diesen verwendet, müssen die Mengenangaben nach Packungsanweisung abgeändert werden.

Wasserspatzen

300 g Mehl
200 g Wasser
1 Prise Salz

Aus Mehl, Wasser (daher der Name) und etwas Salz einen eher weichen Teig herstellen. Diesen auf ein glattes Holzbrett streichen und mit einem Messer kleine, längliche Nocken abschneiden, welche man in siedendem Salzwasser kocht. Wenn sie oben schwimmen, sind sie gar; abschöpfen und abtropfen lassen.

Wasserspatzen werden im Original nicht in Fett geschwenkt, sondern mit frischen Beeren (vorzugsweise Heidelbeeren) als warme Mehlspeise aufgetischt.

Variante:
Für Milchspatzen das Wasser durch Milch ersetzen.

Ungarische Nockerln/Eiernockerln

Schwarze Wasserspatzen

300 g Roggenmehl
250 ml Wasser oder Milch
1 Prise Salz

Das Roggenmehl in eine Schüssel geben und salzen, danach das Wasser oder die Milch angießen und alles zu einem weichen Teig abschlagen. Mit einem in heißes Wasser getauchten Löffel kleine Nocken ausstechen und diese in kochendem Wasser garen.

Fertige Nockerln abseihen, abschrecken und abtropfen lassen.

Hinweis

Üblicherweise werden nun zwei bis drei Zwiebeln in reichlich Fett (bevorzugt Schweineschmalz) geröstet, dann die Nockerln dazugegeben und alles zusammen gut durchgeröstet, bis die Nockerln eine schöne Kruste haben – dabei darauf achten, dass die Zwiebeln nicht verbrennen.

Zwei Löffel in heißes Wasser tauchen und …

… mit diesen aus einem Roggenmehl-Teig …

… gleichmäßige Spatzen (Nocken) formen und in heißem Salzwasser sieden lassen.

Wenn alle Spatzen (Nocken) oben schwimmen, sind sie gar.

Gefüllte Teigwaren

Maultaschen
Gurktaler Specknudeln
Zaunbändernudeln
Schälklöße
Gefüllte Hausrucker Nudelknödel
Fleischnudeln
Kärntner Kasnudeln
Südtiroler Blutwursttäschchen
Kärntner Kletzennudeln
Kärntner Schlickkrapfen
Obstnudeln
Schlutzkrapfen
Osttiroler Schlipfkrapfen
Powidl-Nudeln
Agnolotti Dal Plin
Ravioli Aperto Con Funghi
Raviolini Alla Milanese
Ravioli All`Anatra
Fagottini Alla San Daniele
Cannellonie Alla Napoletana
Triangoli
Tortella Di Zucca
Pansoti
Cappelletti
Tortellini
Casunziei Ampezzani
Pelmeni
Kreplach
Crespelle

Hier befinden wir uns in einem wahren Universum, das selbst für den Fachmann mitunter schwierig zu erkunden ist. Natürlich gibt es verschiedenste Teigtaschen mit unzähligen Füllungen. Doch mitunter stellt man fest, dass mit verschiedenen Bezeichnungen nicht selten ein und dieselbe Teigware beschrieben wird. Regionale Varianten und Dialektausdrücke sorgen hier nicht selten für Unklarheiten.

Ich habe daher hier nur die wichtigsten internationalen gefüllten Nudeln und Teigwaren angeführt und mich bei jeder Form auf eine traditionelle Füllung beschränkt. Wenn Sie die Rezepte genauer betrachten, habe ich dabei nicht die Vielfalt vergessen; weshalb hier Acht gegeben worden ist, dass möglichst viele verschiedene Füllungs-Varianten vorgestellt werden. Von Gemüsefüllungen über Fisch, Fleisch und Geflügel bis hin zu Käse und Süßem ist alles vertreten! Also ran ans Werk, denn frische Teigtaschen schmecken unvergleichlich besser als industriell vorgefertigte.

Maultaschen

Maultaschen sind wohl das berühmteste Gericht der schwäbisch-alemannischen Küche und vermitteln – wenn sie per Hand zubereitet worden sind – so etwas wie ein heimatliches Gefühl der Geborgenheit. Maultaschen werden traditionell in zwei Gängen serviert: **zuerst isst man ein oder zwei Stück in Rinderbrühe und anschließend zwei oder drei in Butterschmalz abgeröstete Maultaschen mit goldbraun gebackenen Zwiebelringen und Kartoffelsalat oder Kartoffelpüree.**

Nudelteig
1 kg Mehl + etwas Extramehl
8 große Eier
etwas Wasser (hängt von der Größe der Eier ab)

Füllung
1 kg Spinat
500 g Hackfleisch (ich bevorzuge halb Schwein, halb Kalb)
500 g sehr gute Schinkenwurst
8 altbackene Semmeln, in etwas Wasser oder Brühe eingeweicht
4 Eier
4 Zwiebeln
2 Bund glatte Petersilie, feingehackt
Butter
etwas Sahne (Schlagobers)
3–4 EL Semmelbrösel
Muskatnuss
Pfeffer aus der Mühle
Salz

Zubereitung

Das Mehl in eine Schüssel sieben, die Eier in die Mitte geben und von der Mitte aus einen festen Teig kneten; dabei je nach Bedarf etwas Wasser zugeben. Im Schwabenland nimmt man gewöhnlich auf ein Ei eine halbe Schale Wasser. Den Teig aus der Schüssel nehmen und sehr gut durchkneten. Der Teig muss fest und glatt sein. Den Teig zu einer Kugel formen und abgedeckt ruhen lassen.

Zwischenzeitlich die Füllung vorbereiten. Den Spinat in Salzwasser blanchieren, ausdrücken und grob hacken. Die möglichst fein gehackten Zwiebeln in einer großen Pfanne in etwas Butter dünsten, die feingewiegte Petersilie dazugeben; wenn die Petersilie leicht geröstet ist, kommen auch die gut ausgedrückten Semmeln dazu. Das Hackfleisch in einer zweiten Pfanne in Butter braten. Die Schinkenwurst extrem klein würfeln oder durch den Fleischwolf drehen.

Spinat, Hackfleisch, Schinkenwurst und Semmelmasse in einen großen Weitling (Rührschüssel) füllen, die aufgeschlagenen Eier und einen guten Schuss Sahne hinzufügen. Alles gut durchkneten und mit der notwendigen Menge an Semmelbröseln die Konsistenz korrigieren – die Masse sollte glatt und geschmeidig sein. Gewürzt wird mit frisch geriebener Muskatnuss, Pfeffer aus der Mühle und Salz.

Den Teig in 12 gleich große Teile schneiden und so dünn wie möglich ausrollen (eventuell eine Nudelmaschine zur Hilfe nehmen). Die Füllung entweder gleichmäßig und dünn aufstreichen, die Teigbahnen aufrollen und schräg mit einem Holzlöffel in 8–10 cm breite Stücke teilen (Ränder gut festdrücken) oder aber die Füllung in einzelnen Häufchen aufsetzen, mit einer zweiten Teigbahn bedecken und mit einem Teig-Rädle oder Messer in Vierecke schneiden.

Die Maultaschen in sprudelnd kochendes Salzwasser einlegen und je nach Größe 10–15 Minuten ziehen lassen – sie dürfen nicht kochen. Fertige Maultaschen abtropfen lassen und entweder sofort in Rinderbrühe auftischen oder vollends abtropfen lassen und in Butter (oder Butterschmalz) goldbraun braten.

Kräutermaultaschen sind mit einer Füllung aus 2 Bund feingewiegter Petersilie, 2 Bund feingewiegtem Schnittlauch, 1 Bund feingewiegten Frühlingszwiebeln, 1 Bund feingehackten Küchenkräutern (Pimpernelle, Borretsch u.a.), 250 ml Saurer Sahne und 500 g gekochtem und feingehacktem Rindfleisch gefüllt.

Griebenmaultaschen haben eine Füllung aus 2 Tassen Grieben (Grammeln), 4 Eiern, 4 EL Mehl, 250 g Semmelbröseln, 4 EL feingewiegten Kräutern (Petersilie, Schnittlauch, Kerbel, Pimpernelle), Pfeffer und Salz.

Maultaschen in Rindssuppe angerichtet

Gurktaler Specknudeln

Ein altüberliefertes Gurktaler (das Gurktal ist eine Region in Kärnten und für seinen Speck bekannt) Winteressen, das besonders gut mit gekochtem Sauerkraut schmeckt.

Den Speck würfelig schneiden und anrösten, dann abkühlen lassen. Das Schwarzbrot aufbröseln, mit dem Topfen verrühren und den abgekühlten ausgelassenen Speck untermengen. Die Masse eine halbe Stunden ziehen lassen, danach faustgroße Kugeln daraus formen.

Zwischenzeitlich aus den angegebenen Zutaten einen Nudelteig bereiten und daraus eine Rolle formen. 1 cm dicke Scheiben abschneiden, diese mit dem Nudelwalker handgroß auswalken, etwas Fülle daraufgeben und zusammenklappen. Die Teigränder fest zusammendrücken und evt. krendeln (siehe Käntner Kasnudeln). Gurktaler Specknudeln in kochendes Salzwasser einlegen und 15 Minuten ziehen lassen

Nudelteig
250 g Mehl
1 Ei
1 EL Öl
125 ml lauwarmes Wasser
Salz

Füllung
125 g Speck (Rückenspeck)
125 g Kärntner Bröseltopfen
125 g Schwarzbrot

Zaunbändernudeln

Eine steirische Köstlichkeit.

Aus den Teigzutaten einen homogenen Nudelteig bereiten, diesen dünn ausrollen und runde Kreise ausstechen. Die Teigkreise mit jeweils einer Portion Preiselbeeren füllen, dann die Nudeln zusammenklappen, an den Rändern gut zusammendrücken und die Zaunbändernudeln in Salzwasser garen. Sie werden mit heißer Butter übergossen serviert.

Nudelteig
12 EL Mehl
4 Eier
1 EL Speiseöl

Füllung
Preiselbeeren

Schälklösse

Nudelteig
300 g Mehl
4 Eier
Salz

Füllung
150 g zerlassene Butter
3–4 EL Semmelbrösel
2 EL gehackte Petersilie

1 l heiße Fleischbrühe

Aus Mehl, Eiern und Salz einen Nudelteig bereiten. Den Teig möglichst dünn ausrollen und die Teigstreifen mit der zerlassenen Butter bepinseln. Gleichmäßig mit Semmelbröseln und gehackter Petersilie bestreuen (man kann auch noch etwas Muskatnuss dazugeben). Die Teigblätter aufrollen und flach drücken. Teigrollen in Rauten schneiden, die Schnittflächen gut zusammendrücken. Die Schälklöße 10 Minuten in siedender Rindsuppe garen und in dieser auftischen.

Gefüllte Hausrucker Nudelknödel

Nudelteig
250 g griffiges Mehl
250 g glattes Mehl
2 Eigelbe
125 ml Milch
125 ml Wasser
1–2 TL Öl
gut 1 Prise Salz

Grammelfüllung
ca. 300 g frische Grammeln
1 kleine Zwiebel, feingehackt
Pfeffer aus der Mühle
Salz

Speckfüllung
300–400 g frisch gepökelter Bauchspeck
Paprika „edelsüß“ und „rosenscharf“, jeweils nach Geschmack
etwas gehackter Schnittlauch

Die Oberösterreicher lieben ihre Knödel so sehr, dass sie auch bei der Zubereitung von gefüllten Nudeln nicht davor zurückschrecken, diese in die gewohnte Knödelform zu bringen. Nachstehendes Rezept stammt von Gerti Fuchs, welche im kleinen Ort Pötting bei Andrichsfurt ein uriges Wirtshaus betreibt. Herzhafte Füllungen sind hier angesagt; Speck und Grammeln sind ein Muss!

Zunächst den Nudelteig vorbereiten: Hierfür beide Mehlsorten in einer Rührschüssel mischen, die Eigelbe, Öl und Salz hinzufügen, dann nach und nach die beiden Flüssigkeiten dazu gießen; währenddessen ständig mit dem Knethaken einer Küchenmaschine oder Löffel rühren, bis man einen glatten, geschmeidigen Teig erhalten hat. **Der Teig darf anschließend ruhig etwas „klebrig“ sein.** Diesen mindestens 1 Stunde rasten lassen, damit er sich entspannen kann.

Zwischenzeitlich die beiden Füllungen vorbereiten. Für die Grammelknödel werden die (trockenen) Grammeln gehackt und mit sehr fein gewiegter Zwiebel, Pfeffer aus der Mühle und Salz abgeschmeckt.

Für die Speckknödel den Speck in winzig kleine Würfel schneiden, mit Paprika und Schnittlauch würzen; abschmecken.

Aus den vorbereiteten Füllungen jeweils kleine Kugeln formen (aus jeweils 1 gehäuftem TL Masse) und diese gut durchkühlen – so lassen sich die „Knödel“ später leichter formen. Vom Teig ein walnussgroßes Stück abzupfen, flach drücken und damit eine vorbereitete Füll-Kugel umhüllen. Den Teig gleichmäßig um die Füllung schlagen und zu einer schönen, runden Kugel formen.

Wenn alle Füllungen aufgebraucht sind, werden die fertigen Nudelknödel etwa 10 Minuten in reichlich Salzwasser gekocht. Abschöpfen und mit Sauerkraut und gerösteten Kartoffeln auftischen.

Die Füllung mit der Hand zu kleinen Knödeln formen, welche man zunächst einkühlt oder tieffriert, damit sie leichter mit dem ...

... vorbereiteten Nudelteig umhüllt werden können.

Gerti Fuchs mit fertigen Speckknödeln

Fleischnudeln

Nudelteig wie bei Kasnudeln auf Seite 84 zubereiten.

Zwiebel und Porree schälen, feinst hacken und in Schmalz rösten; Selchfleisch (es sollte recht fett sein) kleinhacken oder faschieren. Beides in einer Schüssel vermengen, abschmecken und mit Brotbröseln sowie Eiklar binden. Dann in Nudelteig füllen und wie gehabt kochen.

Füllung

500–600 g gekochtes Selchfleisch
1 Zwiebel
1 EL Schweineschmalz
½ Porree (nur das Weiße)
Brotbrösel nach Bedarf
1–2 Eiklar

Variante

Füllung aus in Fett gerösteten feingehackten Zwiebeln, gekochtem und faschiertem Selchfleisch, Basilikum, Majoran, Thymian, zerdrücktem Knoblauch, Pfeffer aus der Mühle und Salz – wenn notwendig, Masse mit Ei binden.

Kärntner Kasnudeln

Nudelteig
500 g Mehl
1 Ei (ich nehme noch einen Dotter dazu)
125–150 ml Wasser (bei Bedarf auch mehr)
1 EL Öl
Salz

Füllung
500 g Bröseltopfen
300 g vorgekochte Kartoffeln (noch warm)
1 kleine Zwiebel, feinst gehackt
2 Knoblauchzehen, feinst gehackt oder gepresst
1 EL Kerbel
feingehackte Minze nach Geschmack (vorzugsweise Kärntner Nudelminze)
etwas Butter
Salz

braune Butter oder warme Grammeln

Von kaum einer Teigtasche gibt es so viele Varianten wie von den Kärntner Kasnudeln, welche auch nur kurz „Kärntner Nudeln" genannt werden. Jedes Tal, jedes Dorf, jedes Gasthaus, ja genaugenommen jede Köchin (Kärnter Nudeln werden fast immer von Köchinnen gemacht) hat da ihr eigenes Rezept. Damit sind aber nicht grundlegend unterschiedliche Füllungen gemeint, wie mit Käse, Speck oder Selchfleisch, sondern einzig und allein die Füllung für Kasnudeln.

Erste unterschiedliche Auffassungen, gibt es bei der Form: in Unterkärnten wird die Nudel ausgeradelt, in Oberkärnten besteht man aufs Krendeln. Darunter versteht man das ornamentartige Verzieren des Randes. Dann gibt es unterschiedliche Größen, von ganz kleinen bis zu eher größeren Kasnudeln, bis hin zur Faustnudel (siehe Rezept). Last but not least hat jeder seine eigene Kräutermischung. Einig ist man sich nur darin, dass ausschließlich mit Kärntner Bröseltopfen gearbeitet werden darf und dass die spezielle Kärnter Nudelminze keinesfalls fehlen darf.

Daher gebe ich hier meine bevorzugte Variante für Kärntner Kasnudeln an.

Alle Zutaten für den Teig zusammenmischen und sehr gut durchkneten. Man braucht einen eher festen, geschmeidigen Teig, den man vor dem Füllen 30–60 Minuten in Folie eingeschlagen rasten lässt.

Für die Füllung zunächst die feingehackte Zwiebel in etwas Butter hellgelb dünsten und die gekochten und geschälten Kartoffeln zerdrücken und mit dem Topfen vermischen. Dann die gerösteten Zwiebeln, die restliche zerlassene Butter, den gepressten Knoblauch und die gehackten Kräuter dazugeben und alles gut vermengen; mit Salz abschmecken. Aus der Fülle kleinere oder größere Kugeln formen.

Den Teig auf einer bemehlten Unterlage mit einer handbetriebenen Nudelmaschine dünn auswalken. Die Füllkugeln in einer Reihe mit etwas Abstand auflegen und den Teig – nach Möglichkeit ohne Luft – darüberschlagen. Den Teig an den Kugeln festdrücken und mit einem Teigrad oder Krapfenausstecher die Nudeln halbkreisförmig ausschneiden. Die Ränder fest zusammendrücken und nach Belieben krendeln.

Durch das Krendeln erhält der Rand ein hübsches, ornamentartiges Aussehen. Dabei wird der Teig zwischen Zeigefinger und Daumen zusammengedrückt und in kleinen Abständen nach oben gebogen (mehr dazu siehe „Osttiroler Schlipfkrapfen).

Die Kärntner Nudeln in nicht zu stark kochendem Salzwasser etwa 7 Minuten garen, danach mit gebräunter Butter oder heißen Grammeln auftischen.

Variante für die Füllung

150 g Knödelbrot in einer Schüssel mit 1 Ei und 125 ml Sauerrahm anweichen. 50 g Butter zerlassen und ½ bis 1 EL gehackte Minze, 1 TL gehackte Petersilie, 1 TL Schnittlauch sowie 1 TL Kerbel darin anschwitzen; dann alles zum Knödelbrot geben. 100 g Topfen dazugeben und alles zu einer Füllmasse verkneten, die man noch mit Salz abschmeckt.

Die Faustnudel ist eine große Variante der Kärntner Kasnudel, welche in Faustgröße hergestellt wird.

Eine Riesen-Nudel, gereicht als Vorspeise (3 Stück als Hauptspeise auftischen)

Südtiroler Blutwursttäschchen

Nudelteig
300 g Mehl
3 Eier
etwas Wasser
Salz

Füllung
200–250 g Blutwurst
1 Zwiebel
1 TL Majoran
1 EL Butter
Pfeffer aus der Mühle
Salz
1 Ei

geriebener Käse
zerlassene Butter

Die Zwiebel fein hacken und in Butter glasig dünsten. Die gehäutete Blutwurst in Scheiben schneiden, zu den Zwiebeln geben und unter Rühren 10 Minuten braten; gegen Ende der Garzeit mit Majoran, Pfeffer aus der Mühle und Salz abschmecken. Die Blutwurstmasse durch ein Sieb streichen und beiseite stellen.

Aus den angegebenen Zutaten einen gleichmäßigen Nudelteig herstellen, diesen 10 Minuten rasten lassen. Den Teig möglichst dünn auswalken und in zwei Hälften teilen, eine Hälfte mit dem verquirlten Ei bestreichen.

Die Füllung auf der bestrichenen Teighälfte in kleinen Portionen aufsetzen – jeweils 5–6 cm Abstand zwischen zwei Blutwurstportionen lassen. Mit der zweiten Teighälfte abdecken, diese in den Zwischenräumen gut andrücken, dann die Nudeltaschen ausradeln.

Blutwursttäschchen etwa 4–5 Minuten in Salzwasser sieden, danach mit zerlassener Butter und geriebenem Käse auftischen.

Kärntner Kletzennudeln

Nudelteig
250 g griffiges Mehl
½ TL Salz
2 Eidotter
1 ganzes Ei
1 EL Öl
Wasser

Füllung
250 g Kletzen (getrocknete Birnen – über Nacht in kaltem Wasser eingeweicht)
250 g Kärntner Bröseltopfen (Vollmilchtopfen)
1 Prise Salz
Zucker
Zimt
Zitronenschale
Rum nach Geschmack

Wenn vorhanden
Sachertortenstücke (ohne Schokoguss) oder Schokobiskuit

Für den Nudelteig das Mehl mit Salz, Dotter, Ei und Salz vermengen und so viel Wasser hinzufügen, bis ein geschmeidiger Teig entsteht. Teig in Klarsichtfolie einschlagen und mind. 1 Stunde rasten lassen.

Zwischenzeitlich die eingeweichten Kletzen aufkochen, abseihen, den Strunk entfernen und fein faschieren. Die anderen Zutaten unter die Kletzen kneten und aus der Masse kleine Kugeln formen. Den Teig ausrollen und die eine Hälfte mit einem Tuch abdecken. Die Kletzenkugeln in regelmäßigen Abständen auf den Nudelteig legen, mit der zweiten Hälfte abdecken und fest einschlagen – die einzelnen Kletzennudeln mit dem Teigrad ausradeln.

Kletzennudeln in kochendes Salzwasser geben, dann die Hitze zurückschalten und die Nudeln ca. 5–7 Minuten ziehen lassen. Fertige Nudeln abtropfen lassen und auf Teller verteilen.

Mit Honigbutter (Honig mit Butter im Verhältnis 50 : 50 aufkochen) und Zimt-Zucker-Mischung bestreut servieren.

Kletzen einweichen und ...

... durch den Fleischwolf drehen.

Kletzenmasse mit Bröseltopfen vermischen.

Biskuitteig zerbröseln und Zitronenschale abreiben.

Die Füllung mit Rum abschmecken.

Aus der Füllmasse kleine Kugeln drehen.

Aus den Zutaten einen mittelfesten Teig herstellen.

Nach dem Rasten den Teig auswalken und mit den Kugeln belegen.

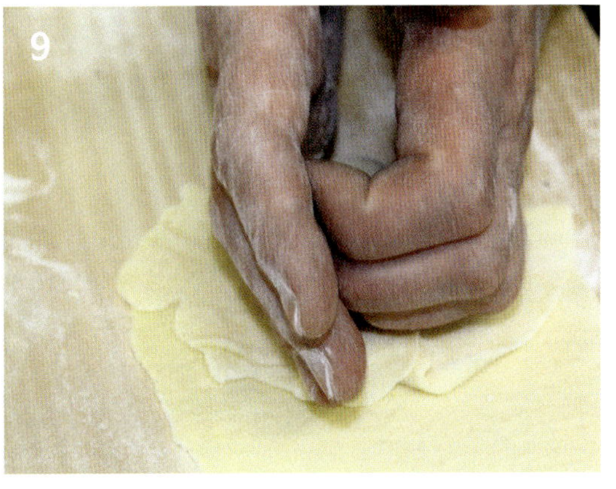

Den Teig um die Füllung herum andrücken.

Kletzennudeln ausradeln.

Fertig zum Kochen!

Gekochte Kletzennudeln werden mit Kalberleck (Honig mit Butter) ubergossen und mit Zimtzucker bestreut genossen

Kärntner Schlickkrapfen/Lungentaschen

Nudelteig
100 g Mehl
2 Eier

Füllung
200 g Kalbslunge
½ kleinere Zwiebel
1 Lorbeerblatt
½ TL Majoran
1 Bund Petersilie
30 g Butter oder Schmalz
1 Ei
1 EL feine Semmelbrösel
Pfeffer aus der Mühle
Salz

Die Lunge in einem Topf mit Wasser, Salz, Lorbeer und Majoran gar kochen, danach abtropfen lassen und durch den Fleischwolf drehen. Die halbe Zwiebel zusammen mit der Petersilie feinst hacken; Zwiebel in heißem Fett andünsten, dann Lungenmasse, Petersilie und 3–4 EL vom Kochwasser der Lunge dazugeben. Schmoren, bis die Flüssigkeit verdampft ist, danach salzen und pfeffern. Nun noch Ei und Semmelbrösel hinzufügen und alles auf Mittelhitze unter Rühren zu einer mittelfesten Masse stocken lassen.

Für den Teig 1 Ei, 1 Eidotter und das Mehl zu einer geschmeidigen Masse kneten, dann 30 Minuten zugedeckt ruhen lassen. Den Teig dünn ausrollen und in zwei Hälften teilen. Eine Hälfte mit einem Tuch abdecken. Die andere Hälfte im Abstand von 4–5 cm mit haselnussgroßen Häufchen von der Lungenmasse belegen. Den Teig um die Häufchen herum mit dem restlichen Eiweiß einstreichen. Alles mit der zweiten Teigplatte abdecken und den Teig zwischen den Füllungen andrücken; mit einem Teigrädchen die einzelnen Taschen ausschneiden.

Diese Lungentäschchen werden in Rindsuppe oder Knochenbrühe gekocht und meist auch als Suppeneinlage verwendet.

Obstnudeln – Eine Kärtner Spezialität

Nudelteig
250 g glattes Mehl
125 ml Wasser
Salz

Füllung
500 g Obstmischung aus geschälten, grob geriebenen Äpfeln und Heidelbeeren (oder Johannisbeeren)
250 g Kärntner Bröseltopfen
200 g Semmelbrösel
50 g Zucker
1 TL Zimt
1 Prise Piment
zerlassene Butter nach Geschmack

Mehl und Salz mit lauwarmem Wasser vermischen und einen glatten, weichen Teig herstellen. Danach eine halbe Stunde rasten lassen. Den Teig in zwei Hälften teilen und beide Hälften dünn ausrollen.

Alle Zutaten für die Füllung gut miteinander vermengen und diese mit einem Esslöffel gleichmäßig auf die erste Hälfte des Nudelteiges aufsetzen. Die zweite Hälfte darauflegen und mit einem Teigrad um die Füllung herum die einzelnen Nudeln ausradeln.

Obstnudeln werden in reichlich Salzwasser gegart und anschließend mit zerlassener Butter, Zimt und Zucker bestreut serviert.

In Kärnten ist man zu dieser Speise üblicherweise grünen Salat oder trinkt süße Milch dazu.

Variante: Selbstverständlich können die Obstnudeln auch mit anderen Füllungen hergestellt werden; beliebt ist z. B. auch eine Füllung aus geriebenen Äpfeln und Birnen (500 g), 250 g Bröseltopfen, 200 g Semmelbröseln, 2 EL trocken gerösteten Pinienkernen, 2 EL mit in Rum eingeweichten Rosinen, Zimt, Piment, 50–75g Zucker und einer Prise Salz. Aber auch mit vielen anderen Obstsorten kann man die Köstlichkeit zubereiten.

Schlutzkrapfen

Nudelteig
250 g Roggenmehl
250 g Weizenmehl
2 Eier
3 EL Öl
lauwarmes Wasser
Salz

Füllung
750 g Blattspinat
1 Zwiebel
2–3 Knoblauchzehen
1 EL Butter
1 TL Mehl
wenig Milch
Muskatnuss
Pfeffer aus der Mühle
Salz

zerlassene Butter
geriebener Bergkäse nach Geschmack

Die beiden Mehlsorten vermengen und auf einer Arbeitsfläche häufen. In der Mitte eine Mulde formen und die Eier hineingeben. Mehl und Eier unter Zugabe von Salz, Öl und Wasser zu einem geschmeidigen Teig verkneten. Mit einem Küchentuch abdecken und ruhen lassen.

In der Zwischenzeit den Spinat waschen und verlesen. Den vom Waschen noch feuchten Spinat in eine Kasserolle geben und dämpfen, bis er zusammengefallen ist. Spinat herausheben, gut abtropfen lassen und mit dem Pürier-Stab zerkleinern. Zwiebel und Knoblauch feinst hacken, in Butter hellgelb dünsten, mit Mehl stauben und dieses kräftig unter Rühren abrösten (Vorsicht, dass es nicht anbrennt); mit etwas Milch ablöschen, verrühren und vom Herd nehmen. Das Zwiebelgemisch sorgfältig mit dem Spinat vermischen; mit Muskatnuss, Pfeffer aus der Mühle und Salz abschmecken.

Den vorbereiteten Teig möglichst dünn ausrollen und mit einem Wasserglas kreisrunde Blätter ausstechen. Mit einem Teelöffel kleine Portionen von der Füllung auf die Teigkreise setzen, die Teigränder über der Füllung zusammenklappen und an den Rändern gut festdrücken. Wer mag, darf den Rand krendeln (siehe Kärntner Kasnudeln).

Knapp 10 Minuten in heißem Salzwasser gar ziehen lassen. Mit der Schaumkelle herausheben und auf Teller verteilen. Mit zerlassener Butter und reichlich geriebenem Bergkäse auftischen.

Osttiroler Schlipfkrapfen

Nudelteig
½ kg glattes Mehl
¼ l lauwarmes Wasser
1 Prise Salz
1 Eidotter

Füllung
400 g Butter
½ kg mehlige Kartoffeln
1 kleine Zwiebel
Schnittlauch, Knoblauch, Salz, Pfeffer, Muskatnuss

Mehl, Wasser, Salz und Dotter zu einem glatten Teig kneten.

Kartoffeln schälen, kochen und noch heiß durch die Kartoffelpresse drücken. Zwiebel und Knoblauch in sehr kleine Würfel schneiden und in Butter leicht anschwitzen. Die gepressten Kartoffeln mit den angeschwitzten Zwiebeln und dem Knoblauch sowie Salz, Pfeffer, Schnittlauch und Muskatnuss gut vermischen. Die Fülle kalt stellen.

Teig ca. 4–5 Millimeter dick ausrollen, ca. 5–6 cm große Scheiben ausstechen. Dann den Teig mit einer Kugel von der Fülle belegen, zu Halbmonden zusammenklappen und krendeln (siehe Bilderserie). In Salzwasser kochen und mit zerlassener Butter auftischen.

Teig auswalken ...

... und daraus Kreise ausstechen.

Die Kreise mit den kleinen Kugeln der Füllung belegen.

Die Füllung etwas flach drücken und zu Halbmonden zusammenklappen.

Den Rand zusammendrücken und diesen krendeln, indem man …

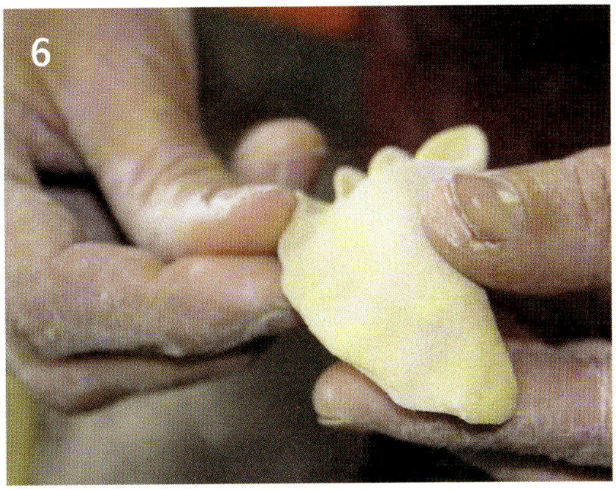

… den Rand nach Außen zieht und anschließend wieder einklappt.

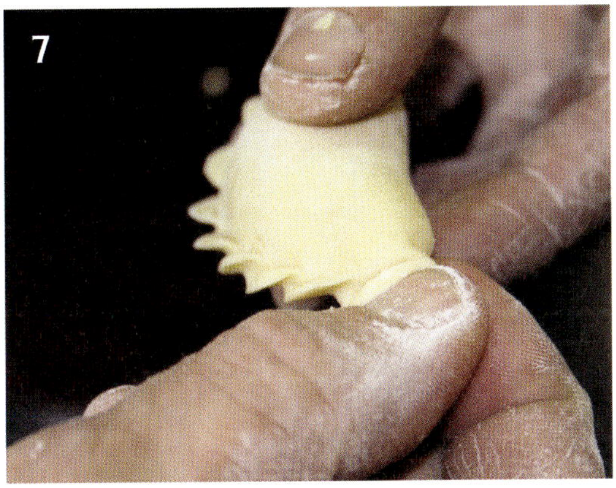

So entsteht ein ornamentartiges Muster.

Die Kasnudeln sind …

… fertig zum Kochen.

Mit brauner Butter beträufeln.

Teller mit Schlipfkrapfen noch mit Schnittlauch garnieren und servieren!

Powidl-Nudeln

Nudelteig
400 g Mehl
2 Eier
1 Prise Salz

Füllung
250 g Powidl (Zwetschkenmus)
1 Eiweiß

100 g Semmelbrösel
125 g Butter
Zimt
Staubzucker

Mehl, Eier und Salz zu einem geschmeidigen, festen Teig verkneten. Den Teig zu einem Laib formen und mit einem Küchentuch bedeckt eine halbe Stunde ruhen lassen. Die weitere Verarbeitung muss nun zügig vonstatten gehen, damit der Teig nicht zu sehr austrocknet.

Den Teig sehr dünn – möglichst dünn(!) – ausrollen und die Hälfte der Teigplatte mit einem Küchentuch abdecken. Auf der anderen Teighälfte im Abstand von 4 cm mit einem Teelöffel kleine Häufchen vom Powidl verteilen. Das Eiweiß mit 1–2 TL Wasser verrühren, mit einer Gabel verschlagen und damit den Teig um die Mushäufchen herum bestreichen.

Das Küchentuch entfernen und die unbelegte Hälfte der Teigplatte über die andere schlagen. Die Zwischenräume zwischen den Powidl-Häufchen fest andrücken. Die Teigplatte mit einem Teigrad zu Quadraten mit Füllung schneiden.

Powidl-Nudeln werden 8–10 Minuten in siedendem Salzwasser gegart, zwischenzeitlich röstet man Semmelbrösel in viel Butter. Die fertigen Teigtaschen vorsichtig abschöpfen und in den gerösteten Bröseln wälzen – dabei nicht umrühren, sondern nur die Pfanne rütteln, bis die Teigtaschen bedeckt sind. Vor dem Servieren mit Zimt und Zucker bestreuen.

Agnolotti dal plin (Gefüllte Nudeltäschchen)

Nudelteig
500 g Mehl
4 Eidotter
2 ganze Eier
1 EL Olivenöl (extravergine)

Füllung
250–300 g Kalbsschulter
250 g Schweinefleisch von der Keule
350 g Blattspinat
150 ml Fleischbrühe
50–75 g geriebener Grana Padano oder Reggiano
2 Eier
1–2 Knoblauchzehen
1 frischer Rosmarinzweig
Muskatnuss
2 EL Olivenöl (extravergine)
2 EL Butter
Pfeffer aus der Mühle
Meersalz

Im Piemont gibt es viele verschiedene Versionen dieser traditionellen Nudeltäschchen. Agnolotti unterscheiden sich von Ravioli oder Tortelli durch ihr besonders kleines Format, ihre unregelmäßige Form und den extradünnen Teig, der die Füllung ganz besonders gut zur Geltung kommen lässt.

Dieses Rezept stammt aus dem Langhe, dem kulinarischen Herz des Piemont. Hier kneift man die Nudeltäschchen in der Mitte noch einmal kurz zusammen, bevor man sie ins Wasser gibt; daher der Name „dal plin", was soviel wie „mit Falte" bedeutet.

Nachstehendes Rezept wird gerne auch mit Kaninchenfleisch zubereitet, mitunter kommt auch nur Gemüse als Füllung in den Nudelteig. Im Friaul bereitet man Agnolotti mit einer Kartoffelfüllung zu, und auch in Parma liebt man die Agnolotti; hier kommen Bratenreste, Semmelbrösel, reichlich Parmesan, Eier und Muskatnuss als Füllung in den Teig.
Hier nun der (leider etwas schwierig zuzubereitende und recht arbeitsaufwändige) Klassiker aus dem Piemont:

Als erstes die Füllung vorbereiten. Dafür den Knoblauch fein hacken, die Rosmarinnadeln vom Stängel abrebeln und ebenfalls möglichst fein hacken. Das Olivenöl mit 1 EL Butter in einem Bräter erhitzen und die gehackten Gewürze darin sanft andünsten. Zwischenzeitlich die beiden Fleischsorten nochmals auf Haut- und Sehnenreste überprüfen und diese ggfs. entfernen, danach ebenfalls in den Bräter legen. Bei guter Hitze etwa 15 Minuten rundherum anbräunen; dabei salzen und pfeffern. Etwas Brühe angießen, abdecken und bei mittlerer Hitze in ca. 50 Minuten gar schmoren. Das fertig gegarte Fleisch herausnehmen, Bratenfond beiseite stellen (er dient später als Sauce). Das Fleisch durch den Wolf drehen.

Während das Fleisch schmort , den Spinat vorbereiten. Die Blätter sorgfältig putzen und in einem großen Topf bei mittlerer Hitze dämpfen. Den Spinat herausnehmen und abtropfen lassen. In einer weiten Pfanne die restliche Butter erhitzen und den Spinat darin schwenken. Abkühlen lassen und sehr fein hacken.

Das feingewolfte Fleisch und den feingehackten Spinat in eine Schüssel geben. Mit Parmesan und Eiern vermengen, dann mit geriebener Muskatnuss, Pfeffer aus der Mühle und evt. einer Prise Salz abschmecken. Die Füllung ruhen lassen.

Für den Teig das Mehl auf eine Arbeitsfläche häufen, in die Mitte eine Vertiefung formen und die Eier sowie die Eigelbe hineingleiten lassen. Etwas Olivenöl dazugeben und anschließend vom Rand her alle Zutaten nach und nach vermengen. Die Masse richtig gut durchkneten, bis ein gleichmäßiger Teig entsteht. Den Teig zu einer Kugel formen und beiseite legen.

Die Arbeitsfläche mit einem Besen von allen Krümeln befreien (damit der Teig beim Ausrollen nicht reißt); Arbeitsfläche leicht bemehlen. Den Teig in mehrerer Arbeitsgängen mit der Hand oder mit einer handbetriebenen Nudelmaschine hauchdünn ausrollen.

Jetzt muss schnell weitergearbeitet werden, damit der dünne Teig nicht austrocknet. Aus der Füllmasse haselnussgroße Kügelchen drehen und diese in regelmäßigen Abständen so auf den Teig setzen, dass man eine Teigschicht über die Füllung klappen kann. Hat man den Teig über der Füllung zusammengeschlagen, werden die einzelnen Agnolotti mit einem Teigrad ausgeradelt. Die Ränder mit den Fingern gut festdrücken und in der Mitte zusammenkneifen, damit sie wie Kissen aussehen.

Fertige Agnolotti auf ein bemehltes Brett legen und mit einem Tuch abdecken; an einem kühlen Ort zwei bis drei Stunden ruhen lassen. Dann die Agnolotti etwa 3–4 Minuten in Salzwasser kochen, bis sie an der Oberfläche schwimmen. Mit einer Schaumkelle herausheben, abtropfen lassen und sofort in Tellern anrichten.

Traditionell nutzt man den Schmorfond vom Fleisch als Sauce, aber auch eine Salbeibutter passt gut dazu.

Hinweis

Agnolotti aus dem Piemont haben entweder einen glatten oder gezackten Rand – abhängig vom Teigrad. In Parma hingegen weisen die Agnolotti typischerweise immer einen glatten Rand auf, weil sie mit dem Messer oder Ausstechförmchen ausgeschnitten werden.

Ravioli aperto con funghi
(Offene Ravioli mit Pilzen)

Streng genommen handelt es sich hierbei um ein „normales" Pastarezept und dennoch um eine Besonderheit. Die großen Teigplatten, welche normalerweise gefüllt und zusammengeklappt werden, können nämlich auch offen serviert werden. Statt der Pilzsauce kann man auch Fleischragout oder grob geschnittenes Gemüseragout auf diese Weise auftischen.

Die größeren Pilze halbieren, die kleineren Exemplare ganz lassen. Butter in einer hohen und weiten Pfanne erhitzen und den Knoblauch darin glasig werden lassen (aber nicht bräunen). Die Pilze hinzufügen und 5 Minuten unter ständigem Rühren anbraten, danach Tomatenmark, Petersilie sowie etwas Salz und Pfeffer dazugeben. Den Wein angießen, das Ganze zum Kochen bringen und einige Minuten köcheln lassen.

Zwischenzeitlich die Nudelteigplatten in kochendem Salzwasser (hier darf man etwas Olivenöl zum Kochwasser geben) al dente garen, abgießen und trocknen lassen. Die Hälfte der Platten vorsichtig auf 4 vorgewärmte Teller geben. Die Pilzfüllung darauf verteilen (etwas Sauce zurückbehalten). Mit den restlichen Teigplatten bedecken und mit der zurückbehaltenen Sauce garnieren. Mit frischem Pfeffer bestreuen und nach Belieben auch mit geriebenem Käse.

8 Nudelteigplatten aus frisch zubereitetem Ravioliteig (s. S. 96) von 15 x 15 cm
600–700 g gemischte frische Waldpilze
75 g Butter
1–2 feingehackte Knoblauchzehen
1 EL Tomatenmark
1 EL gehackte glatte Petersilie
1 Glas Weißwein
Pfeffer aus der Mühle
Meersalz
50–75 g geriebener Parmesan

Hinweis

Manche italienische Regionen sind der Ansicht, dass der geriebene Käse nicht zu Pilzen passt.

Raviolini alla Milanese
(Kleine Ravioli nach Mailänder Art)

Ravioli sind die gängigste und populärste Form der italienischen Teigtaschen und werden mit allem, was das Herz (besser gesagt der Gaumen) beliebt, gefüllt. Neben Fleisch- und Gemüsefüllungen sind Ravioli mit einer Fischfarce besonders schmackhaft; besonders fein wird's mit Dorade, Wolfsbarsch oder Stockfisch.

Ravioli können auch alle möglichen Größen annehmen, von sogenannten Riesenravioli bis hin zu sehr kleinen, welche als die „besseren" gelten. In diesem Rezept werden sehr kleine Ravioli hergestellt – sie schmecken einfach wunderbar. Es gibt spezielle Blechformen, mit denen die Zubereitung der kulinarischen Kleinode fast ein „Kinderspiel" ist. Hier aber die traditionelle Herstellung.

Für die Füllung 40 g Butter mit dem Rindfleisch und dem Rosmarinzweig in eine passende Kasserolle geben, das Fleisch auf guter Hitze von allen Seiten anbraten, dann die Flamme zurücknehmen. Fleisch salzen, pfeffern und zugedeckt fertig garen (dauert etwa 45–60 Minuten); dabei gelegentlich etwas Wasser oder Fleischbrühe dazugeben. Den Schinken und das fertig gegarte Rindfleisch sehr fein hacken und in einer Schüssel mit Ei, Parmesan, etwas vom entstandenen Bratenfond und Gewürzen nach Geschmack vermengen. Füllung beiseite stellen.

Für den Nudelteig das Mehl, 3 Eier und gut eine Prise Salz verkneten – nach Belieben auch etwas Olivenöl dazugeben. Den Teig halbieren und ziemlich dünn ausrollen. Auf eine der beiden Teigplatten in regelmäßigen Abständen kleine Portionen von der Füllung aufbringen. Die Teigzwi-

Nudelteig
300 g Weizenmehl
3 Eier
Salz

Füllung
200–250 g Rindfleisch
1 Scheibe nicht zu magerer roher Schinken (etwa ½ cm dick)
100 g Butter
1 Zweig frischer Rosmarin
50–75 g Parmesan
1 Ei
1 Prise Zimt
1 Prise frisch gemahlene Muskatnuss
Pfeffer aus der Mühle
Salz

schenräume mit einem Gemisch aus Ei und Wasser bestreichen, dann die zweite Teigplatte darüberlegen und um die Füllungen herum mit den Fingerkuppen leicht andrücken. Nun kann man die Ravioli mit einem speziellen Ausstecher, einem Teigrad oder auch nur mit einem Messer ausschneiden. Die traditionelle Form dieser Ravioli ist klein, quadratisch und hat einen gezackten Rand.

Die Nudeln in reichlich Salzwasser garen. Zwischenzeitlich den restlichen Bratenfond mit der restlichen Butter vermischen. Die fertigen, abgetropften Ravioli auf Teller verteilen, mit dem Butter-Fond überziehen und großzügig mit geriebenem Parmesan bestreuen.

Ravioli all'anatra
(Entenfleisch-Ravioli)

Nudelteig
250 g Weizenmehl
(vorzugsweise ital. Typ 00)
2 Eier
etwas Wasser
Salz

Füllung
Entenbrüste
50–75 g geriebener
Montasio stravecchio
1 Eidotter
Olivenöl (extravergine)
Pfeffer aus der Mühle
Meersalz

Für den Sugo
1 Entenbrust
Olivenöl (extravergine)
trockener Weißwein
(Menge nach Bedarf)
1 Karotte
1 Zwiebel
1 Stange Staudensellerie
einige Salbeiblätter
frischer Rosmarin
Pfeffer aus der Mühle
Salz

Hier noch ein ganz feines, fast extravagantes Rezept:

Mit der Sauce beginnen. Hierfür die mit Salz und Pfeffer gewürzten Entenbrüste in einer Kasserolle auf der Hautseite scharf anbraten. Das geputzte Gemüse (Karotte, Zwiebel, Sellerie) in grobe Würfel schneiden und zusammen mit einem Rosmarinzweig dazugeben. Noch einige Salbeiblätter in den Topf geben, die Entenbrüste wenden und wenn alles leicht angebraten ist, mit Weißwein ablöschen. Deckel auflegen und langsam weich kochen.

Zwischenzeitlich aus Weizenmehl, Eiern, etwas Wasser und Salz einen Nudelteig vorbereiten.

Wenn das Fleisch weich ist, nimmt man eine Entenbrust heraus, häutet sie und hackt sie sehr klein. Das feingewiegte Entenfleisch in einer Schüssel mit Eidotter, geriebenem Käse, wenig Olivenöl, Salz und Pfeffer zu einer homogenen Füllung verarbeiten.

Den Teig in zwei Hälften dünn ausrollen. Kleine Häufchen der Füllung auf eine Teigplatte setzen, mit der zweiten Teigplatte abdecken und mit einem Ravioliausstecher (oder Teigrad) einzelne runde Ravioli mittlerer Größe ausschneiden und diese in Salzwasser garen, bis sie oben schwimmen, abtropfen lassen.

Die zweite Entenbrust ebenfalls häuten und in kleine Würfel schneiden. Die Sauce durch ein Sieb passieren und abschmecken. Entenwürfel wieder in die Sauce geben. Entenravioli auf Tellern anrichten, mit dem Sugo überziehen und mit etwas Olivenöl beträufelt servieren. Geriebenen Käse dazu reichen.

Ravioliherstellung mittels Ravioliformen

Über das Ravioli-Blechform eine dünne Teigplatte legen und diese leicht in die Vertiefungen drücken. In jede Vertiefung etwas Füllung setzen, dann alles mit einer zweiten Teigplatte abdecken. Nun fährt man einfach mit einem Nudelholz über die Form, wodurch die einzelnen Ravioli (Teigtaschen) ausgeradelt werden.

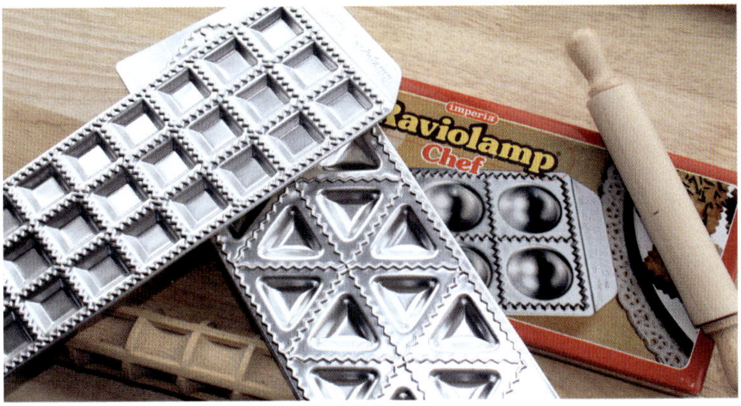

Blechformen für Ravioli

Ravioliherstellung mittels Nudelmaschine

Dazu einen festen Nudelteig (je nach Belieben mit oder ohne Ei) dünn auswalken und in zwei Bahnen von der Breite des Aufsatzes schneiden. Eine beliebige Ravioli-Füllung (Fleisch, Fisch, Meeresfrüchte, Gemüse, Pilze u. v. m.) vorbereiten. Je eine Teigplatte vorne und hinten einspannen, die Füllung in den Trichter geben. Nun einfach kurbeln; die Teigplatten werden eingezogen, über die Ravioli-Form-Walzen geleitet und dort automatisch mit der Füllung aus dem Trichter gefüllt. Dann werden die einzelnen Ravioli automatisch ausgeradelt und können sofort weiterverarbeitet (gekocht) werden.

Aufsatz zum Füllen von Ravioli

Fagottini alla San Daniele
(Fagottini nach San Daniele-Art)

Nudelteig
500 g Weizenmehl (vorzugsweise ital. Typ 00)
3 Eier
2 Dotter
2–3 EL Olivenöl extravergine
2 EL Safranreduktion
Salz

Füllung
600 g Kalbfleisch
75–100 g gehackter Prosciutto San Daniele
100 g Pancetta (milder Bauchspeck)
1 Ei
1–2 EL geriebener Montasio stravecchio
1–2 EL Butter
2–4 EL Semmelbröseln
2–3 fein gewiegte Knoblauchzehen
4–6 Salbeiblätter
3 EL gehackte Petersilie
Muskatnuss
Pfeffer aus der Mühle
Salz

125–150 g Butter
1 Hand voll Salbeiblätter
12–16 Scheiben Prosciutto di San Daniele

Fagottini sind kleine Nudelsäckchen, welche mit allerlei schmackhaften Füllungen aufgetischt werden – besonders beliebt sind hier Füllungen aus Fleisch, Schinken und/oder Speck. Nachstehende Köstlichkeit stammt aus einer kleinen Ostaria in San Daniele, wo sie von der Oma des Hauses in mühevoller und liebevoller Kleinarbeit per Hand täglich frisch hergestellt wird.

Alle Zutaten für den Teig miteinander vermischen und kräftig zu einem homogenen Nudelteig verarbeiten, den man einige Minuten abarbeitet. Den Teig einschlagen und mindestens 30 Minuten rasten lassen.

Feingewiegten Knoblauch mit kleingewürfeltem Prosciutto und Pancetta in etwas Butter dünsten, dann das würfelig geschnittene Fleisch dazugeben, salzen und pfeffern. Die Hälfte der Petersilie und den Salbei hinzufügen. Alles mit dem Wein aufgießen und auf milder Flamme etwa eine Stunde garen, bis das Fleisch sehr weich ist. Die Masse auskühlen lassen und durch die feinen Scheiben des Fleischwolfs drehen. Anschließend mit Ei, Semmelbröseln, restlicher Petersilie und dem Käse vermischen. Zum Schluss mit Muskatnuss, Salz und Pfeffer abschmecken. Ist die Masse zu feucht, muss man evt. noch Semmelbrösel untermengen.

Den Teig – vorzugsweise mit einer Maschine – sehr dünn ausrollen und in regelmäßigen Abständen jeweils 1 Kugel (etwa 1 TL voll) von der Füllung darauf setzen. Mit einem Ausstecher Kreise ausschneiden, wobei zu beachten ist, dass man einen großzügigen Rand um die Füllung herum belässt. Nun den Teig über der Füllung zusammenschlagen und zu Säckchen zusammendrehen (fest verschließen, damit sie sich beim Kochen nicht öffnen). Nun werden die Teigtäschchen in siedendem Salzwasser gekocht, bis sie oben schwimmen. Teigtäschchen abtropfen lassen und mit etwas Olivenöl benetzen.

In der Zwischenzeit hat man reichlich Butter erhitzt und einige Salbeiblätter darin mitgebraten. Auf jeden Teller zunächst 3–4 Scheiben Prosciutto legen, auf diesen 12 Teigtäschchen setzen und diese ihrerseits großzügig mit der Salbeibutter übergießen. Noch einige Montasio-Späne als Garnitur anlegen und heiß genießen.

Safranreduktion

Einige Safranfäden über Nacht einweichen, am nächsten Tag aufkochen und 20 Minuten ziehen lassen.

Fagottini alla San Daniele

Cannelloni alla Napoletana

Nudelteig
200 g Hartweizenmehl
2 Eier

Füllung
200–250 g Mozzarella, feingewürfelt
4–6 Sardellen
Parmesan

Sauce
1 kg reife Eiertomaten
½ Glas Olivenöl
1 Bund Basilikum
Meersalz

Ein einfach guter Klassiker der italienischen Küche aus Neapel! Wichtig: das Gericht schmeckt nur dann ausgezeichnet, wenn man hocharomatische Tomaten, besten Büffelmozzarella, erstklassiges Olivenöl und feinsten Grana Padano verwendet. Gerade bei Gerichten mit wenigen Zutaten ist es nämlich besonders wichtig, dass diese von bester Qualität sind.

Aus Mehl und Eiern einen Nudelteig kneten, diesen mit einer Nudelmaschine sehr dünn ausrollen und die Teigplatten auf einem Backblech oder Küchentüchern trocknen lassen. Den Teig in gleichmäßige Quadrate von 6 cm Kantenlänge schneiden.

Einen weiten, flachen Topf mit viel Salzwasser (hier darf man auch etwas Olivenöl zum Kochwasser geben) aufsetzen und sobald das Wasser sprudelnd kocht, die Teigplatten portionsweise hineingeben. Nachdem die Teigplatten an die Oberfläche gekommen sind (das geschieht recht rasch), diese noch ein oder zwei Minuten kochen, bis sie sich al dente anfühlen. Teigplatten abtropfen lassen und auf angefeuchteten Tüchern ausbreiten.

Die Tomaten kurz überbrühen, häuten, entkernen und in Stücke schneiden. Olivenöl in einer Kasserolle erhitzen und die Tomaten hineingeben; salzen und auf lebhafter Flamme ca. 20 Minuten durchkochen lassen. Pfanne vom Herd nehmen. Die Hälfte der Tomaten durch ein Sieb streichen und mit dem geschnittenen Basilikum würzen – diese Sauce beiseite stellen. Die andere Hälfte wird nun für die Füllung der Cannelloni verwendet.

Auf die Teigstücke jeweils etwas Mozzarella, einige Tomaten- und Sardellenstückchen aufbringen, mit wenig Parmesan bestreuen. Dann die Teigblätter zusammenrollen und nebeneinander in eine große, ofenfeste und mit Öl eingepinselte Form schichten. Mit der vorbereiteten Tomatensauce übergießen und mit reichlich(!) geriebenem Käse bestreuen. Im vorgeheizten Backofen etwa 20 Minuten backen, danach sofort servieren.

Tipp

Ich gebe der Tomatensauce gern eine Prise Zucker und zwei feingeschnittene Knoblauchzehen hinzu.

Triangoli

Triangoli

Darunter versteht die italienische Küche zu Dreiecken zusammengefaltete Teigtaschen, welche zumeist mit einem gut schmelzenden Käse (aber auch vielen anderen Zutaten) gefüllt werden.

Aus den Teigzutaten einen homogenen Nudelteig kneten, diesen dünn ausrollen und mit einem Teigrad zu gleichmäßigen Rauten (oder Dreiecken) schneiden.

In die Mitte jeder Raute ein Stück Käse legen und die Raute zu einem Dreieck zusammenklappen, an den Rändern gut festdrücken. Triangoli in Salzwasser garen, bis sie oben schwimmen, danach abtropfen lassen und in goldbraun erhitzter Butter schwenken. Mit gehackten Nüssen bestreuen und sofort auftischen.

Nudelteig
400 g Weizenmehl
4 Eier
etwas Wasser
Salz

Füllung
italienischer Weichkäse nach Belieben

Butter nach Belieben
grob gehackte Walnüsse

Tortelli di zucca (Kürbis-Teigtaschen)

Nudelteig
500 g Mehl
3–5 Eier
(hängt vom persönlichen Geschmack ab, ich bevorzuge mehr Ei)
½ TL Salz

Füllung
1 Kürbis (ca. 2 kg)
150 g Amaretti (Mandelplätzchen)
50–75 g Mostarda (Senffrüchte)
(man kann auch Feigensenf oder ähnliches verwenden)
100–150 g geriebener Grana Padano
1 Schalotte
etwas Pfeffer und Salz

Zuerst den Teig vorbereiten, dafür das Mehl auf die Arbeitsfläche sieben, in die Mitte eine Mulde drücken. Eier und Salz in die Mulde geben. Vom Rand aus das Mehl mit den Eiern vermischen und einen groben Teig herstellen. Diesen Teig 15 Minuten kneten, bis er geschmeidig ist; dann in Folie wickeln und 1 Stunde ruhen lassen.

In der Zwischenzeit die Füllung vorbereiten: dafür den Kürbis in Scheiben schneiden, schälen, entkernen und im Backofen bei 200 °C etwa 20 Minuten schmoren. Das Kürbisfleisch in eine Schüssel füllen und mit einer Gabel zerdrücken. Zerbröselte Amaretti, in Stücke geschnittene Senffrüchte, geriebenen Käse und feinst gehackte Schalotte dazugeben, mit frisch geriebener Muskatnuss, Pfeffer aus der Mühle und Meersalz abschmecken. Mit einem Holzlöffel vermengen; die Masse sollte recht trocken sein.

Den Nudelteig mit einer Nudelmaschine dünn ausrollen und in etwa 4 x 8 cm große Rechtecke schneiden. Mit einem Löffel etwas Kürbisfüllung auf jedes Rechteck geben und in der Mitte zusammenfalten. An den Rändern fest zusammendrücken, damit sie nicht auseinanderfallen.

Die tortelli werden in reichlich siedendem Salzwasser gegart und anschließend mit brauner Butter übergossen serviert.

Pansoti

Nudelteig
500 g Weizenmehl
3 Eier
Meersalz

Füllung
500 g Mangold
500 g Borretsch
250–300 g Frisée
150 g Ricotta
2 Eier
75 g geriebener Grana Padano
1 EL frische Majoranblätter
1–2 Knoblauchzehen

Die aus Ligurien stammenden Pansoti ähneln vom Teig her den Ravioli, sind aber dreieckig wie die Triangoli. Sie werden mit einer preboggion genannten Kräutermischung gefüllt, deren Zusammensetzung variieren kann, aber immer Mangold enthält. Pansoti schmecken besonders gut mit folgender Walnuss-Sauce: 20 blanchierte und gehäutete Walnusskerne in einem Mixer mit 50 g Pinienkernen, 1 Knoblauchzehe und einem Bund Petersilie mixen, danach in eine Schüssel geben und unter ständigem Rühren 250 ml Sahne einrühren; Sauce mit etwas Parmesan, Pfeffer aus der Mühle und Salz abschmecken.

Pansoti bedeutet übersetzt so etwas wie „Bäuchlein", womit ihre Form sehr treffend beschrieben ist, denn Pansoti müssen prall gefüllt sein!

Mehl, Eier und etwas Salz zu einem Teig verkneten und so viel Wasser dazugeben, dass er geschmeidig wird. Den Teig ausrollen und in handtellergroße Dreiecke schneiden.

Sämtliches Gemüse waschen, trocknen und ohne Wasserzugabe garen, bis es zusammenfällt. Gemüse gut ausdrücken und im Mixer pürieren, danach mit Ricotta, Eiern und Parmesan vermengen. Majoranblätter und Knoblauch fein hacken und ebenfalls untermischen.

Mit einem Teelöffel nussgroße Portionen abstechen und auf die Dreiecke setzen. Die Enden über der Füllung zusammenschlagen, so dass bauchige Taschen entstehen. Pansoti werden 10 Minuten in siedendem Salzwasser gegart und mit oben beschriebener Walnusssauce aufgetischt.

Cappelletti

Teig
300 g Weizenmehl
3 Eier
1 Prise Salz

Füllung
2 Hühnerbrüstchen
100 g frischer Ricotta
50 g Butter
1 Ei
frisch geriebene Muskatnuss
Pfeffer aus der Mühle
Meersalz

100 g Butter
50–100 g geriebener Reggiano

Diese gefüllten Hütchen – genauer sind es eigentlich zusammengefaltete Halbmonde – stammen aus der Emilia Romagna und werden dort hauptsächlich in zwei unterschiedlichen Varianten zubereitet. In der „reichen" Emilia bereit man die Füllung aus dreierlei Fleisch (Schwein, Rind, Kalb), Wein, Parmesan, Zwiebel, Wurzelgemüse, Wacholder, Lorbeer, Brühe, Eiern, Semmelbröseln, und Gewürzen zu. In der „ärmeren" Romagna wie folgt:

Zuerst die Füllung zubereiten: Hühnerbrüstchen in Butter in einer Pfanne anbraten, dabei mit Salz und Pfeffer aus der Mühle würzen. Unter gelegentlicher Zugabe von heißem Wasser (oder Hühnerbrühe) schmoren, bis die Brüstchen weich sind (dauert etwa 30 Minuten); anschließend das Hühnerfleisch möglichst fein hacken. Das gehackte Hühnerfleisch in einer Schüssel mit Ricotta, 1 Ei, gut einer Prise Muskatnuss, Pfeffer aus der Mühle und Salz zu einer Füllmasse vermengen; diese gut abschmecken – Achtung: vor allem zuwenig Salz macht die Füllung fad!

Aus dem Mehl, 3 Eiern und gut einer Prise Salz einen Nudelteig bereiten und diesen kneten, bis er weich und elastisch ist. Den Teig ziemlich dünn ausrollen und mit einem Ausstecher oder einem Glas Kreise ausstechen. Hinweis: Cappelletti sind für gewöhnlich eher klein!

Auf jeden Teigkreis etwas Füllung geben und anschließend so zusammenklappen, dass man einen Halbmond hat. Den Rand fest zusammendrücken und evt. mit einer Gabel verzieren. Die spitzen Enden übereinander legen und etwas zusammenpressen. Hinweis: Durch leichtes Benetzen halten sie besser zusammen.

Cappelletti in einem großen Topf mit Salzwasser garen, abtropfen lassen und mit reichlich zerlassener Butter und viel geriebenem Reggiano auftischen.

Tortellini

Teig
400 g Weizenmehl
4 Eier
Salz

Füllung
100 g mageres Kalbfleisch
100 g Schweinefleisch
100 g Schinken
1 Rosmarinzweig
1–2 Knoblauchzehen
frisch geriebene Muskatnuss
1 Glas trockener Weißwein
etwas Olivenöl
1 großes Ei
geriebener Reggiano
Pfeffer
Salz

Sauce
400 ml Sahne (Schlagobers)
100 ml Panna da cucina
etwas Butter
2 Eidotter
reichlich geriebener Reggiano
ein wenig frisch geriebene Muskatnuss
etwas weißer Pfeffer
Meersalz

100 g Weiße Trüffeln
zerlassene Butter

Diese wunderschön zusammengefalteten Teigtaschen sind nicht nur eine Augenweide, sondern auch ein ganz besonderer Gaumenschmaus. Ich habe hier eine Spezialität aus Bologna ausgewählt, die man einfach nur als kulinarischen Traum bezeichnen kann – ein wahrhaftes (leider auch teures und arbeitsaufwändiges) Luxusgericht, von dem man aber nicht nur träumen sollte:

Zuerst die Füllung vorbereiten: Kalb- und Schweinefleisch sowie die fetten Teile vom Schinken klein schneiden. Alles zusammen mit dem Öl, dem Knoblauch und dem Rosmarin in eine Pfanne geben, salzen und pfeffern. Das Fleisch auf guter Hitze anbräunen lassen, dann mit dem Weißwein ablöschen und diesen auf kleiner Flamme verdampfen lassen. Rosmarin und Knoblauch entfernen. Das Fleisch zusammen mit den mageren Schinkenteilen durch einen Fleischwolf drehen. 1 Ei und reichlich geriebenen Reggiano zur Masse geben und diese mit einer Prise Muskatnuss abschmecken.

Aus Mehl, Eiern und etwas Salz einen homogenen Nudelteig kneten, diesen fein ausrollen und in Quadrate von 5 cm Kantenlänge schneiden. In die Mitte dieser Stückchen jeweils etwas Füllung geben und daraus die Tortellini formen (hierfür die Quadrate zu Dreiecken falten und dann um den Finger zu der typischen Tortelliniform zusammenkringeln – gut festdrücken).

Die Tortellini in reichlich sprudelndem Wasser mit etwas Salz und einem Stück Butter al dente kochen. In der Zwischenzeit die Sahne mit der Panna und einem Stückchen Butter in einer großen Pfanne erhitzen. Die abgetropften Tortellini hineingeben und vorsichtig durchmischen. Die

Pfanne vom Herd nehmen und die Sauce mit den Eigelben (welche man mit etwas Sauce vorher verrührt hat) und reichlich frisch geriebenem Reggiano binden.

Die Tortellini samt Sauce in eine vorgewärmte ofenfeste Form füllen und mit 80 g feingehobelten Trüffeln belegen und mit etwas zerlassener Butter beträufeln. Etwas Reggiano darüberstreuen und vor dem Servieren kurz in den sehr heißen Ofen schieben. In der Form auftischen und bei Tisch auf vier Teller verteilen. Auf jede Portion noch etwas frische Trüffel hobeln. Welch ein Schmaus!

Casunziei ampezzani

Teig
400 g Mehl
2 Eier
1 Tasse Milch
Salz

Füllung
600 g Rote Rüben (Rote Beete)
80–100 g Ricotta
2 Eier
1 EL Butter
Semmelbrösel nach Bedarf
Salz

50–75 g zerlassene Butter
50 g Mohn
geriebener Käse (original wäre ein Carnia, es geht aber auch Parmesan)

Casunziei sind eine einfache, aber sehr traditionelle Form der Teigtaschen und werden in Norditalien – insbesondere im Veneto – in vielen regionalen Varianten mit verschiedensten Füllungen angeboten. Eine ganz besonders einfache, aber höchst aromatische Füllung haben wir bei diesem Rezept aus den Dolomiten, wo „teure" Zutaten in früheren Zeiten rar waren und die Nahrung vor allem nahrhaft zu sein hatte. Nichtsdestotrotz ist dies ein ganz köstliches Rezept, das durch die Prise Mohn seine besondere Raffinesse erhält.

Zuerst die Füllung vorbereiten: Die Rüben putzen und das Blattgrün oberhalb der Knolle abschneiden. Darauf achten, dass die Schale nicht verletzt wird, weil die Knollen sonst ausbluten würden. Die Rüben werden nun als Ganzes mitsamt der Schale in Salzwasser weichgekocht (dauert etwa 1 Stunde). Abgießen, Rüben auskühlen lassen und schälen. Rüben sehr fein hacken.

Butter in einer Pfanne erhitzen, die gehackten Rüben darin schwenken, salzen, vom Herd nehmen und in eine Schüssel füllen. Die Roten Rüben nun mit Ricotta und Ei vermischen, danach die Masse mit soviel Semmelbröseln binden, dass man eine homogene Füllung hat.

Alle Zutaten für den Teig vermischen und sorgfältig durchkneten. Teig auf einer bemehlten Arbeitsfläche dünn ausrollen und mit einem Wasserglas Kreise (etwa 6–8 cm Durchmesser) ausstechen. Kleinere Portionen von der Füllung in die Mitte der Teigflecken auftragen, dann zusammenklappen und mit den Fingern gut festdrücken – wer mag, kann den Rand mit den Zinken einer Gabel verzieren.

Die Casunziei in Salzwasser garen, wenn sie an der Oberfläche schwimmen, sind sie gar. Mit einer Schaumkelle herausheben, abtropfen lassen und in reichlich zerlassener Butter schwenken. Mit Butter anrichten, vor dem Servieren noch mit Mohn und Käse bestreuen.

PELMENI

Teig
350 g Mehl
1 Ei
125–150 ml Wasser
Salz

Fisch-Pilz-Füllung
500 g sauber filetierter Stör oder Rotbarsch
25 g getrocknete Steinpilze, in wenig Wasser eingeweicht
2 Zwiebeln
2 EL Butter
Pfeffer aus der Mühle
Salz

reichlich zerlassene Butter
reichlich saure Sahne

Auch die russischen Pelmeni sind nichts anderes als gefüllte Nudelteigtäschchen, die heute in unzähligen Varianten auf den Tisch kommen.

Die kleinen Teigtaschen werden zumeist mit Fleisch gefüllt, drei Sorten müssen es sein: Hammel, Rind und Schwein; auf 500 g Fleisch kommen 2 geriebene Zwiebeln, 2–8 Knoblauchzehen feinst gehackt, Pfeffer aus der Mühle und Salz.

Pelmeni werden heute in zwei Formen angeboten: als „Öhrchen" geformt oder gefaltet und gekrendelt wie Kärntner Nudeln.

In den meisten Haushalten werden die Pelmeni nicht mehr mit reinem Fingergeschick zubereitet, sondern mit Hilfe einer pelmenniza, eine spezielle Platte aus Aluminiumguss mit sechseckigen Aussparungen, auf die der Pelmeniteig aufgezogen wird. In die Vertiefungen legt man in kleinen Portionen die Füllung. Darüber kommt eine zweite Schicht Teig. Wenn man nun mit dem Nudelholz darüber fährt, drückt man die Pelmeni durch die Vertiefungen; durch die scharfen Kanten an den Sechsecken werden die Ränder fest verschlossen.

Hier nun die traditionelle Herstellung mit einer extravaganten Füllung.

Aus Mehl, Ei, Wasser und Salz einen festen glatten Teig herstellen, den man 30 Minuten rasten lässt.

In der Zwischenzeit die Füllung vorbereiten. Die eingeweichten Pilze im Einweichwasser weich kochen (ca. 10 Minuten), danach abtropfen lassen und sehr klein schneiden. Fischfilet zusammen mit den Zwiebeln durch den Fleischwolf drehen, anschließend mit zimmerweicher Butter zu einer Farce verrühren, in die man die Pilze einarbeitet; abschmecken.

Dann den Teig auf eine bemehlte Unterlage geben und sehr dünn ausrollen. Mit einem Wasserglas Kreise von ca. 8 cm Durchmesser ausstechen. Jeweils 1 TL Farce in die Mitte aufsetzen, dann die Teigtaschen zusammenklappen und am Rand festdrücken.

Pelmeni in leicht gesalzenem Wasser 5 Minuten leise kochen lassen, wenn sie oben schwimmen, noch 2 Minuten ziehen lassen. Mit einem Schaumlöffel herausnehmen und auf Teller verteilen. Mit reichlich zerlassener Butter und viel Sauerrahm auftischen.

Tipp

Man kann Pelmeni – je nach Füllung – auch in Fleisch-, Hühner-, Fisch- oder Gemüsebrühe kochen und mit dieser auftischen.

Pelmeni sind eine russische Form gefüllter Nudelteigtäschchen

Kreplach

Diese typisch jüdischen Teigtaschen ähneln den Ravioli.

Aus den angegebenen Zutaten einen homogenen Nudelteig kneten und diesen rasten lassen; während der Teig ruht, die Füllung vorbereiten. Dazu Öl in einer Pfanne erhitzen und die feinstgehackten Zwiebeln darin weich dünsten. Das Hackfleisch dazugeben und krümelig braten. Wenn das Fleisch Farbe angenommen hat, dieses in eine Schüssel füllen. Das Ei einarbeiten, salzen und pfeffern.

Den vorbereiteten Teig mit einer Nudelmaschine portionsweise dünn ausrollen, Teigfladen unter einem Tuch feucht halten.

Die Teigstreifen zu Quadraten mit 5 cm Kantenlänge schneiden, jeweils 1 TL Füllmasse in die Mitte geben, den Rand mit Wasser anfeuchten und die Quadrate zu Dreiecken zusammenklappen. Ränder gut festdrücken – Luftblasen sollten keine im Teig eingeschlossen sein!

Die fertigen Teigtäschchen unter einem feuchten Küchentuch aufbewahren, während man die restlichen Kreplach herstellt.

Die Kreplach werden in sanft sprudelnder Hühnerbrühe etwa 10–15 Minuten gekocht, dann in der Brühe aufgetischt.

Teig

250 g Mehl
3 Eier
2–3 EL kaltes Wasser
Salz

Füllung

250 g Rinderhackfleisch
2 Zwiebeln, fein gehackt
1 Ei
2 EL Öl
Pfeffer aus der Mühle
Meersalz

gut 1 l Hühnerbrühe

Crespelle
(Palatschinken)

Für die Crespelle
500 ml Vollmilch
200–250 g Mehl
3–4 Eier
1 Prise Salz
Butter oder Olivenöl zum Ausbacken

Für die Béchamel-Sauce
50 g Butter
50 g Mehl
500 ml Sahne
Vollmilch bei Bedarf
geriebener Parmesan
Muskatnuss
Salz und weißer Pfeffer

150 g geräucherte Gänsebrust, in dünnen Scheiben
geriebener Parmesan

Crespelle werden in Italien gerne wie eine Art Lasagne zubereitet, d.h. man füllt sie schichtweise in eine Form, zusammen mit z.B. Pilzen oder Spargel und einer Béchamel. Das Ganze wird dann mit geriebenem Käse gratiniert. Ein besonders delikates und erlesenes Rezept waren die Crespelle mit geräucherter Gänsebrust, welches ich Ihnen an dieser Stelle nicht vorenthalten möchte:

Zunächst die Crespelle zubereiten. Hierfür 3 große oder 4 kleine Eier in eine Schüssel schlagen und verquirlen. Langsam 200 g Mehl dazu sieben. Alles mit der Milch zu einem homogenen Teig verarbeiten, der recht dünnflüssig sein sollte – ist er jedoch zu dünn, muss man etwas Mehl nachgeben. Den Teig salzen und eine Stunde rasten lassen.

Für die Béchamel die Butter in einem Topf schmelzen, Mehl einrühren und mit der Sahne aufgießen. Zu einer sehr dicken Béchamel verkochen (aufpassen, dass sie nicht anbrennt), welche man mit etwas Butter, geriebenem Käse, etwas Muskatnuss, Salz und weißem Pfeffer abschmeckt (nicht zu intensiv!).

Nun die Crespelle – vorzugsweise in einer Eisenpfanne – mit etwas Butter oder Olivenöl portionsweise ausbacken (bei 18–20 cm Durchmesser der Pfanne sollten sich 12–16 Stück ausgehen). Die fertigen Crespelle etwas auskühlen lassen.

Am besten man bereitet das Gericht in Portionsförmchen aus Keramik zu, diese sollten einen Durchmesser von 10–12 cm haben, man kann zur Not auch etwas kleinere Formen nehmen. Aus den Crespelle Kreise von passender Größe (also im Durchmesser der Formen) ausstechen. Die Förmchen gut einbuttern, danach einen Teigfladen hineinlegen. Den Teig mit 2–3 Scheiben geräucherter Gänsebrust belegen, die man mit einem großen EL Béchamel bestreicht. Wieder einen Teigfladen hineinlegen, dann Gänsebrust und Béchamel. Derart sollten in jeder Form 3–4 Schichten aufgetürmt werden, man schließt jedoch mit Crespelle ab. Schließlich wird alles großzügig mit Béchamel übergossen, mit geriebenem Käse bestreut, mit einigen Butterflocken belegt und im Ofen goldbraun gratiniert. Sofort servieren.

Varianten:
Statt geräucherter Gänsebrust kann man auch in Butter kurz sautierte Steinpilzscheiben, Spargelspitzen, Garnelen, Salamischeiben u.v.m. nehmen.

Nationale und regionale Sonderformen der Teigwaren

Österreich
Deutschland
Schweiz
Südtirol
Italien
Slowenien
Ungarn
Griechenland
Ukraine
Georgien
Usbekistan
Arabische Welt

Andere Länder, andere Sitten – deshalb hier noch einige Nudeln und Teigwaren, welche in ihren Heimatländern besonders beliebt sind, in anderen Ländern aber zumeist eher unbekannt sind.

Österreich

Riebele

Mehl und Ei verrühren und mit Salz, Pfeffer und Muskatnuss würzen. Teig auf einer Arbeitsplatte durchkneten, bis er glatt und fest aussieht; anschließend mit einem Wiegemesser fein hacken und die Riebele antrocknen lassen. Riebele werden in Rindsuppe gekocht und serviert – mit gehacktem Schnittlauch garnieren.

125 g Mehl
1 Ei
frisch geriebene Muskatnuss
Pfeffer aus der Mühle
Salz

Ziegernudeln

Eine Sonderform aus Vorarlberg, die nicht gekocht, sondern in Schmalz ausgebacken wird. Zieger ist ein spezieller Topfen, welcher mit dem sogenannten Schabzieger-Klee aromatisiert worden ist.

Aus Mehl, Eiern, Zieger und etwas Milch einen festen Nudelteig kneten. Nudeln daraus formen, diese in heißem Schmalz schwimmend ausbacken.

200 g Mehl
2 Eier
Zieger nach Bedarf
Milch

Vorarlberger Käsknöpfle

400 g Mehl
4 – 5 Eier
etwas Milch
Wasser
Salz

Mit Mehl, Eiern, Milch, Wasser und Salz einen eher festen Teig kneten. Diesen mit einem Knöpflehobel in kochendes Salzwasser pressen. Eine Lage fertig Knöpfle abschöpfen und tropfnass in eine Holzgapse füllen, mit 1–2 Handvoll Käsemischung (alter Bergkäse, junger Bergkäse, Rässkäse) bestreuen und mit einer weiteren Lage tropfnasser, heißer Knöpfle abdecken. So fortfahren, bis die Gepse (Holzschüssel) fast voll ist. Mit reichlich zerlassener brauner Butter übergießen, mit gerösteten Zwiebelringen garnieren und mit Pfeffer aus der Pfeffermühle bestreuen.

In Vorarlberg isst man dazu gerne Erdäpfelsalat.

Vorarlberger Käsknöpfle

Topfen-Nockerln

Den Topfen und die zimmerwarme Butter durch ein Sieb passieren, danach mit Rahm, Eiern, Mehl (je nach Feuchtigkeit des Teiges etwas mehr oder weniger nehmen) sowie einer Prise Salz einen Teig rühren. Mit einem Esslöffel Nocken ausstechen und diese in Salzwasser etwa 5 Minuten leise kochen lassen. Vorsichtig mit einem Schaumlöffel herausheben und mit Butterbröseln auftischen.

300–350 g Mehl
250 g trockener Topfen (20 % Fett)
75 g Butter
2–3 Eier
2–3 EL Sauerrahm
Salz

Graukas-Nocken

Die Zwiebel schälen, fein hacken und in etwas Butter andünsten; überkühlen lassen. Die angedünsteten Zwiebeln mit Semmelbröseln vermengen; die Milch mit den Eiern versprudeln. Die Eiermilch zu den Semmelbröseln gießen, das Mehl dazugeben und einen Teig herstellen. Diesen eine Stunde rasten lassen. Gehackten Schnittlauch, zerbröselten Graukas und Salz unter den Teig rühren und eine homogene Masse herstellen.

Mit einem nassen Löffel Nocken aus dem Teig stechen und diese in kochendem Salzwasser oder Rindsuppe kochen. Fertige Nocken abtropfen lassen. Üblicherweise werden die Graukas-Nocken mit zerlassener Butter und zerbröseltem Graukas angerichtet; dazu isst man Rahmspinat oder Blattsalate.

100 g zerbröselter Graukas (Tiroler Käse-Spezialität)
300 g Semmelbrösel
25 g Mehl
350 ml Milch
2 Eier
1 Zwiebel
etwas Butter
1 EL Schnittlauch

Gewickelte Krebs-Germnudeln

Dieses ehemalige Lieblings-Gericht von Kaiserin Maria Theresia ist einfach köstlich! Allerdings werden die Nudeln auch nicht in Wasser gekocht, sondern in Obers gegart – das macht sie zwar nicht gerade kalorienärmer, dafür aber wesentlich geschmackvoller!

Die Krebse vorkochen, das Fleisch aus Scheren und Schwänzen auslösen – aus den Karkassen kann man eine Krebsbutter bereiten, wenn man diese selbst herstellen will. 5 Eier trennen. Mehl in eine Schüssel sieben, die sehr weiche (noch besser: zerlassene) Butter, Milch, 5 ganze Eier, 5 Dotter sowie die Hefe dazugeben. Alles in einer Küchenmaschine mit Knethaken zu einem homogenen Germteig rühren. Diesen an einem warmen Ort aufgehen lassen.

Das Flußkrebsfleisch grob hacken und mit der Krebsbutter vermischen. Den Germteig auf einer Arbeitsplatte auswalken und mit der Flusskrebsmasse bestreichen. Aus dem Teig längliche Flecke ausradeln und diese zusammenrollen.

Eine feuerfeste Form gut ausbuttern, dann die „gewickelten Nudeln" hineinlegen – nicht zu dicht aneinander und nicht aufgestellt! An einem warmen Ort erneut aufgehen lassen. Zwischenzeitlich das Obers in einer Kasserolle erhitzen und auf etwa 350–400 ml einkochen.

30–50 frische Flusskrebse (lebendfrisch)
700 g Mehl
100 g Butter
150 ml Milch
10 Eier
1 Würfel Hefe (Germ) (42 g)
etwas Salz

3–4 EL Krebsbutter (selbst aus den Karkassen von den Krebsen hergestellte oder Fertigprodukt)
500 ml Obers/süße Sahne
Butter für die Form

Das Obers über die aufgegangenen Nudeln gießen und alles im vorgeheizten Backofen bei 180–200 °C backen, bis die Krebsnudeln leicht goldbraun sind. Sofort in der Form auftischen.

Boahnlnudln

Stammen aus Osttirol: hierfür einen normalen Nudelteig aus Weizen- und/oder Gerstenmehl herstellen und in mehrere Teile teilen, die man einzeln auswalkt und anschließend zu Nudeln schneidet, welche nicht größer als eine Bohne (daher der Name) sein dürfen. Diese Nudeln werden in Salzwasser gekocht und anschließend in Schmalz geschmälzt.

Herzhafte Almnudeln

12 EL Mehl (gehäufte)
4 Eier
1 EL Öl oder zerlassene Butter
Salz

Aus Mehl, Eiern, Öl (bzw. zerlassener Butter) und Salz einen eher festen Nudelteig herstellen, diesen in zwei Teile teilen und 20 Minuten rasten lassen. Den Teig dünn auswalken und zum Trocknen auslegen. Wenn der Teig angetrocknet ist, werden die Teigblätter geviertelt, zusammengelegt, eingerollt und in etwa ½ cm breite Streifen geschnitten. Nudeln auflockern und trocknen.

Diese Nudeln können gut aufbewahrt werden. Sie werden in Salzwasser oder Milch gekocht, abgetropft und anschließend in reichlich Schmalz (oder ausgelassenem Speck) oder Butterschmalz leicht knusprig gebraten.

Herzhafte Almnudeln

Pitztaler Türknnudln

Dieses Tiroler Rezept wird heute im Original kaum mehr herzustellen sein, weil es die sogenannte Nudldruck – ein Gerät, bei dem der Teig durch eine Art Sieb zu langen, spaghettiartigen (aber dicken) Nudeln gepresst wird (ähnlich den Norditalienischen Bigoli, siehe Seite 32) – kaum mehr wo gibt. Man kann ersatzweise aber eine Nudelpresse nehmen.

Feines Maismehl (Kloameahl) in Wasser einkochen, bis die Masse ganz dick ist, danach etwas auskühlen lassen und anschließend Gersten- und Maismehl einkneten, soviel man kann. Den Teig durch die Nudldruck pressen und die so entstandenen Nudeln in einem Gemisch aus reichlich Schmalz und ganz wenig Wasser garen.

300 g Maisgrieß
Gersten- und Maismehl nach Bedarf
1 l Salzwasser
Mehl
Schmalz

Rührmülli-Schmerzka

Rührmülli ist ein Ausseer Dialektausdruck für die Buttermilch, die diesen „Nockerln" ihren unverwechselbaren Geschmack gibt.

Aus Mehl, Buttermilch (Menge nach Bedarf, man wird sicher nicht alles brauchen) und etwas Salz einen formbaren Nockerl-Teig herstellen. Aus dem Teig mit einem Esslöffel Nockerln formen, diese in gesalzenem Wasser kochen, bis sie oben schwimmen. Abschöpfen und auskühlen lassen. Die ausgekühlten Nockerln in kleine Stücke schneiden und diese in reichlich Butterschmalz goldbraun rösten, salzen und pfeffern; als Beilage verwenden oder als Hauptgericht mit Sauerkraut auftischen.

500 g Mehl
500 ml Buttermilch
Salz
Butterschmalz oder Schweineschmalz zum Abrösten

Rührmülli-Schmerzka

Dampfnudeln/Germknödeln

400 g Mehl
20–25 g Hefe
1 Ei
1 EL Zucker
3/8 l Milch

Diese alpenländische Spezialität lieben Bergsteiger und Skifahrer gleichermaßen. Sie ist im allgemeinen Sprachgebrauch auch als Germknödel bekannt und wird zumeist mit einer Powidl-Füllung und Mohnbutter serviert. Hier das Grundrezept:

Aus den Zutaten einen mittelfesten Germteig bereiten und diesen an einem warmen Ort gut aufgehen lassen. Aus dem Teig Knödeln formen und diese auf einem Brett nochmals aufgehen lassen – wer mag, kann diese Knödeln mit Powidl (Zwetschkenmus) oder Grammeln füllen.

Die Dampfnudeln in gesalzenem Wasser ca. 5 Minuten zugedeckt kochen, dann umdrehen und offen 4 Minuten fertig kochen lassen.

Dampfnudeln herausnehmen, mit einem Zwirnfaden in der Mitte durchschneiden oder mit der Gabel zerreißen und abschmalzen.

Hinweis

Diese Dampfnudeln können auch in einem Siebeinsatz über Dunst (Dampf) gekocht werden.

Variante

Für die echte (original) Dampfnudel wird der Germteig (wie oben beschrieben) zu einer Kugel zusammengeknetet, im Ganzen in ein Tuch gewickelt und über Dampf, d.h. in einem Topf mit kochendem Wasser, gehängt. Nach etwa einer ¾ Stunde Garzeit wird die Dampfnudel herausgenommen, das Tuch aufgeknüpft und die Oberfläche sofort eingerissen, damit die Nudel ausdampfen kann und nicht sofort zusammenfällt. Diese wird dann in Stücke gerissen oder geschnitten und mit Butter, Zucker und Mohn übergossen serviert.

Saure Buchweizennudeln

200 g Heidenmehl
100 g Weizenmehl
200 ml Sauerrahm
1 Ei
1 Dotter
1 Prise Salz

reichlich Butter und Semmelbrösel

Die beiden Mehlsorten auf eine Arbeitsfläche sieben, die weiteren Zutaten hinzugeben und alles zu einem homogenen Teig verkneten; der Teig sollte noch etwas kleben. Teig in Folie wickeln und 1 Stunde rasten lassen, dann eher dünn auswalken und zu dickeren Bandnudeln schneiden. Nudeln in Salzwasser kochen, danach in Bröselbutter wälzen und servieren.

Kärntner Heidenwickel/Heidenkranznudeln

Nudelteig
350 g Weizenmehl
1 Ei
125 ml lauwarme Milch
Salz

Füllung
150 g Heidenmehl
250 ml Sauerrahm
1 TL Salz
50 g Butter oder Schmalz

Aus den Teigzutaten einen homogenen Nudelteig herstellen, diesen auswalken und mit folgender Füllung bestreichen: Etwas Fett zerlassen, Heidenmehl dazugeben, salzen und mit so viel Sauerrahm vermengen, dass eine cremige Masse entsteht. Die Füllung wird gleichmäßig auf dem Teig aufgestrichen (zwei Fingerbreit am Rand frei lassen).

Die Mitte der Teigplatte kreuzweise einschneiden und dann den Teig von innen nach außen aufrollen, bis man einen großen Nudelring erhalten hat. Von diesem Teigring mit einem Holzlöffel kleinere Stücke abtrennen, so dass die Ränder gut zusammenhaften. Die Teigstücke etwa 20 Minuten in Salzwasser köcheln lassen. Die Rollen in Scheiben aufschneiden, auf Tellern anrichten und mit heißen Grammeln (oder Grammel-Schmalz) abgeschmalzt auftischen.

Aus Mehl, Ei und Wasser einen Nudelteig vorbereiten

Für die Füllung Hadnmehl (Buchweizenmehl) linden (trocken rösten) und mit Sahne (oder Rahm) ...

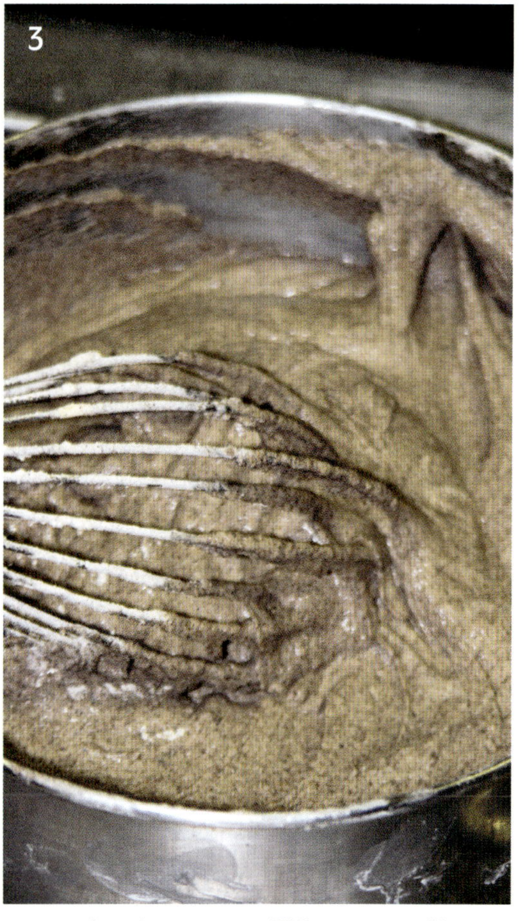

...zu einer homogenen Füllmasse verrühren.

Teig dünn auswalken.

Füllung gleichmäßig verstreichen bis der Teig ...

... zur Gänze damit bedeckt ist (Rand belassen). Anschließend die Teigmitte erst kreuzweise einschneiden, zu einem Ring formen und ...

... von innen nach außen den Ring so aufrollen, dass man einen gefüllten Kranz erstellt.

An den Rändern gut verschließen.

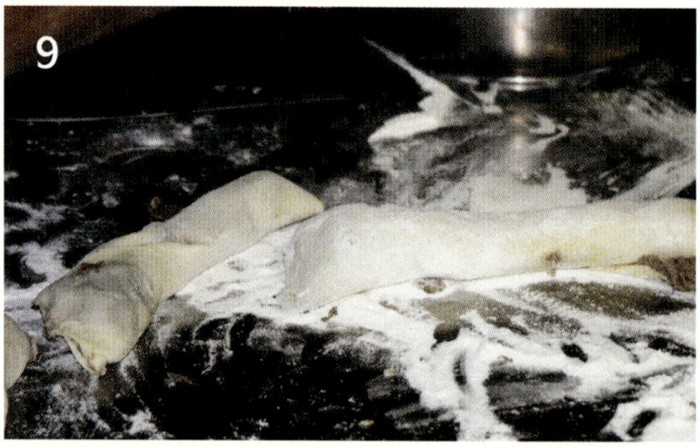

Den Kranz in 15–20 cm lange Portionen schneiden und diese in Salzwasser kochen.

Heidenwickl in Stücke schneiden und mit heißem Grammelschmalz auftischen.

Lesachtaler Krapfen

400 g Verhackert
600 g rote Rüben
auf 18 g NT

Sind große, mit gekochten sauren Rüben und Verhackertem gefüllte Nudeln; sie werden oft mit Kümmel gewürzt.

Die Herstellung erfolgt wie bei Kärtner Kasnudeln.

Kärntner Heidengermnudeln

1000 g Heiden-Vollkornmehl (Buchweizenmehl)
250 g Weizenmehl
40 g Germ
Salz
Milch
Sauerrahm
1 Ei

Zuerst ein Dampfl zubereiten, dann aus den Zutaten einen festeren Germteig herstellen. Diesen aufgehen lassen, anschließend mit einem bemehlten kleineren Teller größere Nocken ausstechen, welche man in nudelige Form bringt. Diese Nudeln etwas einmehlen und unter einem Tuch zugedeckt rasten lassen.

Nudeln nebeneinander in leicht kochendes Wasser legen (Wasserstand etwa 3 Finger hoch) und auf beiden Seiten kochen. Fertige Nudeln herausheben, in fingerdicke 8–10 cm lange Scheiben schneiden und anschließend in heißer Butter oder in Verhackertem abschmalzen. Dazu isst man einen grünen Salat.

STRUCKELNUDELN/STRUGGNUDELN

250 g Mehl
1 EL Öl
1 Ei
125 ml lauwarmes Wasser
Salz
1 TL Essig

Schweineschmalz
Gefüllt wird der Teig entweder mit Rosinen (Steiermark) oder einer Eierspeise von 2 Eiern (Kärnten)

Eine Spezialität aus der Weststeiermark und dem Kärntner Lavantal. Es handelt sich im Grunde genommen um einen gekochten Strudel, der nudelig aufgeschnitten und in Fett geröstet wird.

Aus den angegebenen Zutaten einen eher festen Strudelteig bereiten und diesen rasten lassen. Den Teig danach auswalken und dünn ausziehen – das geschieht am besten über einem Tisch, den man mit einem Leintuch ausgekleidet hat.

Den ausgezogenen Teig mit zerlassenem Schmalz bestreichen, Rosinen (oder Eierspeise) darauf verteilen und alles zusammenrollen. Danach die Teigrolle in 20 cm lange Stücke schneiden, die an den Enden zusammengedrückt werden. Diese Strudelpakete werden in Salzwasser gekocht, danach nudelig aufgeschnitten und in reichlich Fett geröstet.

BAUCHSTECHERLN

250 g helles Roggenmehl
250 g Weizenmehl
250–300 ml warme Milch
2 EL zerlassenes Schweineschmalz
1 Ei
Salz

75–100 g Schweineschmalz
3–4 Eier
gehackte Petersilie
Salz

Ein liebevoller Name für eine nahrhafte bäuerliche Kost aus vergangenen Tagen – schmeckt aber auch heute noch sehr gut!

In einer großen Schüssel das Mehl mit Salz, zerlassenem Schweinefett, einem Ei und recht viel warmer Milch sorgfältig zu einem festen, geschmeidigen Teig verarbeiten; den Teig vollkommen glatt kneten, dann in kleinere Stücke schneiden, auf einem unbemehlten Brett zu bleistiftdicken Schlangen auswalken und davon kleinfingerlange Nudeln abdrehen (nicht abschneiden!). Die Nudeln in kochendes Salzwasser werfen und 8–10 Minuten offen kochen. Die fertigen Nudeln abseihen, kalt überspülen und abtropfen lassen.

Die Nudeln werden in heißem Schweineschmalz teilweise knusprig angebraten, kurz vor dem Servieren schlägt man die Eier darauf und lässt diese stocken. Abschmecken und mit gehackter Petersilie bestreut anrichten.

Deutschland

HEFEKNÖPFLE

300 g Mehl
125 ml lauwarme Milch
15 g Hefe
1 TL Zucker
1 Prise Salz
1 Ei

Die Hälfte vom Mehl in eine Schüssel sieben, in die Mitte eine Mulde einarbeiten, etwas lauwarme Milch sowie die zerbröselte Hefe hineingeben; verrühren und abgedeckt an einem warmen Ort stehen lassen. Dann das übrige Mehl und die restlichen Zutaten unterrühren und den Teig schlagen, bis er sich von der Schüssel löst. Abdecken und an einem warmen Ort erneut 2 Stunden aufgehen lassen. Den Teig danach in 4 gleich große Stücke teilen und diese in Salzwasser 15 Minuten kochen.

Diese Hefeknöpfle werden nach dem Kochen mit einem Bindfaden in Scheiben geschnitten, mit brauner Butter übergossen und als Beilage verwendet.

Leberspätzle

Auch wenn sie so heißen – mit den echten Spätzle haben die Leberspätzle nicht viel gemeinsam. Schmecken tun sie jedenfalls ausgezeichnet.

Die Leber häuten, von den Adern befreien und durch den Fleischwolf drehen. Die Zwiebeln schälen und sehr fein hacken, im Fett glasig dünsten und abkühlen lassen; zwischenzeitlich die Petersilienblätter feinst hacken.

Eier in einer Schüssel verquirlen, dann Zwiebeln, Leber und Semmelbrösel dazugeben; gut vermischen. Masse mit abgeriebener Zitronenschale, Majoran, Muskatnuss, Pfeffer und Salz recht würzig abschmecken. Teig ruhen lassen.

Salzwasser oder Rindsuppe zum Kochen bringen, dann die Masse durch ein Knöpfle-Sieb hineinstreichen. Wenn die Spätzle (eigentlich Knöpfle) oben schwimmen, sind sie gar und werden entweder in Rindsuppe als Einlage genossen oder mit gerösteten Zwiebelringen, brauner Butter und Sauerkraut als Hauptspeise gegessen.

500 g Schweine- oder Kalbsleber
4 kleine Zwiebeln
100 g Fett (Schmalz oder Butter)
1 Bund Petersilie
6 Eier
300–400 g Semmelbrösel
1 EL abgeriebene Zitronenschale (unbehandelt)
1 EL Majoran
1 Prise Muskatnuss
Pfeffer aus der Mühle
Salz

Wurstspätzle

Die Zwiebel schälen, fein hacken und in Fett glasig dünsten; vom Herd nehmen und abkühlen lassen. Aus Mehl, Ei, Wasser und Salz einen Spätzleteig (wie im Grundrezept beschrieben) herstellen. Den Teig vom Brett in heißes Salzwasser schaben und die Spätzle kochen – sie sind gar, wenn sie oben schwimmen.

Man kann die Wurstspätzle entweder als Suppeneinlage in Rindsuppe essen oder in Butter abgebraten mit grünem Salat.

Variante

Für Speck-Spätzle werden statt der Wurst kleingewürfelte, ausgelassene Speckwürfel unter den Teig gemischt.

500 g Mehl
300 g geräucherte Schinkenwurst
5 Eier
150–250 ml Wasser
1 Zwiebel
50 g Butter oder Margarine
1 Bund Petersilie
Salz

Mit einem Löffel größere Nocken aus der Masse ausstechen und diese in siedendem Salzwasser garen, bis sie oben schwimmen.

Schweiz

Kastaniennudeln/Maroninudeln

200 g Maronimehl/Kastanienmehl
200 g Vollkorn-Hartweizenmehl oder Dinkelvollkornmehl
4–5 Eier (je nach Größe)
etwas Olivenöl (extravergine)
1 TL Salz (vorzugsweise feines Meersalz)

Das Tessin war einst eine furchtbar arme Gegend, und zum Überleben mussten sich die Bewohner vor allem mit Maroni über den Winter behelfen. Naturgemäß sind daraus viele verschiedene Maroni-Rezepte entstanden, so auch nachfolgendes. Aber Nudeln aus Maronimehl kennt man auch in Italien, so z. B. in der Toskana.

Alle Zutaten vermengen und in einigen Minuten zu einem geschmeidigen Teig verkneten. Danach den Teig in Frischhaltefolie wickeln und 1–2 Stunden rasten lassen.

Den Teig auf einer bemehlten Arbeitsfläche sehr dünn ausrollen, danach 30 Minuten antrocknen lassen. Nun von Hand breite Nudeln (etwa die Form von Pappardelle) oder breitere Bandnudeln schneiden. Die frischen Nudeln benötigen etwa 5 Minuten Kochzeit in Salzwasser.

Südtirol

Blutnudeln

300 g Mehl
150 g Schweineblut
2 Eier
1 Prise Fenchelsamen (im Mörser zerstoßen)
frisch geriebene Muskatnuss
Pfeffer aus der Mühle
Meersalz

Ein traditionelles Südtiroler Rezept, bei dem zu beachten ist, dass es nur aus absolut frischem Schweineblut hergestellt werden kann.

Das Mehl auf eine Arbeitsfläche zu einem Kegel aufschütten, in die Mitte eine Mulde drücken. In einem Schälchen das Schweineblut mit den aufgeschlagenen Eiern und Gewürzen verquirlen. Diese Masse in die Mulde gießen und mit dem Mehl sorgfältig zu einem glatten Teig verarbeiten.

Den Teig mit einer Nudelmaschine dünn ausrollen und mit dem Schneidaufsatz der Nudelmaschine in breite Tagliatelle schneiden. Auf Tüchern ausbreiten, abdecken und 15 Minuten antrocknen lassen.

Blutnudeln in reichlich sprudelndem Salzwasser al dente garen (die frischen Nudeln sind in wenigen Sekunden fertig) und abgießen. Mit reichlich zerlassener Butter und Parmesan servieren.

Buchweizenspätzle

100 g Buchweizenmehl
100 g Weizenmehl
2 Eier
ca. 100 ml Wasser
1 EL neutrales Pflanzenöl
Salz

Die beiden Mehlsorten in eine Schüssel sieben und in der Mitte eine Mulde formen. Eier, Wasser, Öl und Salz in einer Schüssel glatt rühren, dann in die Mulde gießen. Alles sorgfältig zu einem gleichmäßigen Teig verarbeiten; 30 Minuten ruhen lassen. Mit einem Spätzlehobel in sprudelndes Salzwasser hobeln, sobald die Spätzle oben schwimmen, sind sie gar. Buchweizenspätzle abschöpfen und kalt abschrecken.

Hinweis

Hierzu isst man bevorzugt eine Speck-Sahne-Sauce!

Den vorbereiteten Teig in einen Spätzlehobel füllen, den Teigbehälter über das Gitter ziehen (vor/zurück) und die derart hergestellten Spätzle in Salzwasser garen. Wenn die Buchweizenspätzle oben schwimmen, sind sie gar und können abgeschöpft und abgeschmalzt werden.

Italien

Strichetti

Aus den Zutaten einen Nudelteig herstellen und diesen mit Hilfe einer handbetriebenen Nudelmaschine dünn ausrollen. Den Teigfladen zu 3 x 3 cm großen Flecken – den sogenannten Strichetti – zurechtschneiden. Strichetti isst man als Einlage in Hühnerbrühe oder kocht sie in Salzwasser und reicht sie zu Fleischsaucen.

300 g Mehl
3 Eier
50–75 g geriebener Parmigiano reggiano
frisch geriebene Muskatnuss

Ferrettini

Eine relativ leicht herzustellende hausgemachte Pasta sind die ferrettini. Hierfür braucht man eine dünne – Stricknadel ähnliche – Eisenstange, welche ferretta genannt wird.

Es wird aus Hartweizenmehl und Wasser ein fester, aber gut formbarer und elastischer Teig gemischt. Diesen Teig dünn auswalken und zu gleichmäßigen Rechtecken (etwa 3 x 5 cm oder 4 x 7 cm) schneiden. Die Teigflecken über die Eisenstange wickeln und auf der Arbeitsfläche rollen. Dann die Ferrettini in Stücke von gleichmäßiger Länge schneiden und vorsichtig von der Stange herunternehmen. Trocknen lassen.

Die Ferrettini werden mit einer einfachen Tomatensauce (aus frischen Tomaten), mit würzig-pikanten Tomatensaucen (auch mit Speck) oder auch mit Fleisch-Sugo (vornehmlich aus Lamm) genossen.

ca. 500 g Hartweizenmehl
ca. 125 ml Wasser

Strascinati

Diese wunderschön geformte Pasta stammt (wahrscheinlich) aus der Basilikata, wo sie noch heute in guten Lokalen jeden Tag frisch hausgemacht wird. Man braucht dazu ein spezielles Brett, welches cavarola genannt und zumeist von Schäfern geschnitzt wird. Dieses hölzerne Brett ist rautenförmig gerillt. Mit seiner Hilfe werden die sogenannten strascinati (die „gezogenen") hergestellt, indem man den Teig über das Brett zieht – eigentlich mehr rollt. So erhält man längliche, innen hohle, leicht ovale Nudeln mit einer typischen Musterung.

Der Teig für Strascinati wird fast immer ausschließlich aus Hartweizen und Wasser hergestellt, die Zugabe von Ei ist in der Basilikata eher unbekannt. Das Mischungsverhältnis ist dabei Gefühlssache und auch vom Hartweizen abhängig – benötigt wird ein mittelfester Teig, der sich optimal formen lässt.

Pasta rasa

6 EL Semmelbrösel
4 EL geriebener Parmesan
2 Eier
abgeriebene Schale einer ½ unbehandelten Zitrone
1 Prise frisch gemahlene Muskatnuss

Aus den Zutaten einen sehr festen Teig kneten – bei Bedarf noch mehr Semmelbrösel dazugeben. 30 Minuten ruhen lassen, danach auf einer mittleren Reibe reiben. Pasta rasa auf einem Küchentuch ausbreiten und trocknen lassen. Als Suppeneinlage verwenden.

Die Zutaten für die Pasta gut verkneten.

Triid

Aus Sizilien stammt diese Nudel-Variante, welche sehr an das kunstvolle Herstellen der asiatischen Nudeln erinnert.

Zunächst wird aus Hartweizenmehl und Wasser ein elastischer, formbarer und gut haltender Teig hergestellt – allein das erfordert viel Erfahrung, denn das Hartweizenmehl verhält sich immer anders.

Man braucht eine 300 g schwere Teigkugel. In diese Teigkugel wird in die Mitte ein Loch gedrückt, dann formt man die Kugel auf einer bemehlten Arbeitsfläche von der Mitte aus nach außen mittels ruckartiger Bewegungen und ständigem Drehen zu einem Kringel.

Danach zieht man diesen Kringel partienweise auseinander, so dass sich eine immer längere Schnur bildet, die allerdings weder abreißen noch verkleben darf. Die Kunst besteht nun darin, eine dünne Teigschnur (von etwa 1 cm Durchmesser) zu bilden, die möglichst gleichmäßig dick ist. Die lange Teigschnur wickelt man (ähnlich wie ein Kabel) locker auf, bemehlt sie dabei und lässt sie noch ein paar Mal schüttelnd durch die Hände laufen, wobei sie noch weiter auseinandergezogen und noch dünner werden sollte.

Hier ist die Rezeptur reine Erfahrungssache, denn das Hartweizenmehl verhält sich in jedem Klima anders

Die Teigschnüre werden wie gewohnt etwas getrocknet und anschließend in Salzwasser al dente gekocht.

Malloreddus

400 g Hartweizenmehl
1 g echter Safran
lauwarmes Wasser
Salz

Diese Sardische Nudelspezialität ist robust und passt zu herzhaften Saucen, sie schmeckt fein aromatisch nach Safran und ist kräftig im Biss.

Das Mehl auf die Arbeitsfläche häufen. Safran und Salz in etwas lauwarmem Wasser auflösen, dann esslöffelweise in das Mehl einarbeiten, bis man einen gleichmäßigen Teig erhält. Den Teig nach und nach zu Schnüren mit 0,5 cm Durchmesser formen, von den Schnüren 1 cm lange Stücke abschneiden. Diese Portionen mit der Daumenkuppe über die Zinken einer Gabel abstreichen (in Sardinien gibt es auch ein spezielles Brett dafür), damit sie sich wölben und auf einer Seite das typische Rillenmuster bekommen. Auf einem Blech oder Holzbrett ausbreiten und zwei Tage trocknen lassen.

Malloreddus werden in kochendem Salzwasser gegart und benötigen etwa 20–25 Minuten Kochzeit.

Hinweis

Zu dieser Sardischen Spezialität serviert man fast immer ein Lammragout oder benutzt sie als Beilage für geschmortes Eisbein/Stelze in einer aromatischen Weißweinsauce.

Testaroli

Für 4 Stück
300 g Mehl
Wasser nach Bedarf
etwas Salz
4 EL Öl

Der Name stammt von einer irdenen flachen Backform, welche „testo" genannt wurde. Heute bereitet man die Fladen in einer gusseisernen Pfanne zu.

Mehl mit Wasser und etwas Salz zu einem recht flüssigen Teig verrühren. Diesen auf vier Portionen in einer gußeisernen Pfanne (mit etwas Öl) wie Pfannkuchen/Palatschinken backen. Die Teigfladen können lange im Voraus zubereitet und dann gelagert werden.

Vor ihrer Zubereitung einen großen Topf mit Salzwasser aufsetzen, die Fladen ins kochende Wasser geben und den Herd abschalten. Nach 4–5 Minuten sind die Fladen weich, werden vorsichtig herausgehoben und in Streifen geschnitten. Man isst diese nahrhafte Kost entweder mit Pesto, Olivenöl und Parmesan oder mit reichlich brauner Butter.

Pardulas

Teig
200 g Mehl
40 g Schmalz
kaltes Wasser
Salz

Füllung
400 g Ricotta
3 EL Zucker
3 EL Mehl
1 Ei
abgeriebene Schale einer unbehandelten Orange oder Zitrone (oder gemischt)
1 Prise Safran
Salz
Staubzucker zum Bestäuben

Ebenfalls aus Sardinien stammen diese köstlichen Käsetaschen, deren Besonderheit der Schmalzteig ist. Auch werden die Pardulas nicht gekocht, sondern im Ofen gebacken.

Alle Zutaten für die Füllung sorgfältig zu einer gleichmäßigen Masse verarbeiten, abdecken und ruhen lassen.

Das Mehl in einer Schüssel mit dem Schmalz gut verkneten, esslöffelweise kaltes Wasser dazugeben, bis man einen geschmeidigen, kompakten Teig erhalten hat.

Den Teig portionsweise ausrollen, den Rest immer mit Küchentüchern abgedeckt halten. Die Teigstreifen auf einer bemehlten Arbeitsfläche ausbreiten und mit einem Wasserglas Kreise von 10 cm Durchmesser ausstechen. Auf jeden Teigkreis etwas Füllung setzen, die Teigkreise zu Halbmonden zusammenklappen und an den Rändern gut festdrücken. Abdecken und einige Stunden rasten lassen.

Ofen auf 170 °C vorheizen. Pardulas auf ein mit Mehl bestaubtes Blech legen und im Ofen in 45 Minuten goldbraun backen. Aus dem Ofen nehmen, mit Wasser besprengen und mit Staubzucker bestäuben – schmecken sensationell gut!

Pizzoccheri

250 g Buchweizen
125 g Weizenmehl
etwas Milch und Wasser zu gleichen Teilen
1 Ei
Salz

Pizzoccheri sind eine eher deftige Spezialität aus der gebirgigen Valtellina, dem äußersten Norden der Lombardei. Dort werden die Nudeln traditionell aus Buchweizen hergestellt und in einem gleichnamigen Auflauf mit Wirsingkohl und Erdäpfeln aufgetischt, welcher mit viel Butter und Käse angereichert wurde. Weil die Nudeln aber auch für andere Rezepte verwendbar sind, sei hier nur das Nudelrezept angegeben.

Die beiden Mehlsorten vermischen und mit einem Gemisch aus Milch und Wasser (jeweils ca. 2–3 EL) sowie einem Ei zu einem glatten Teig verarbeiten und 10 Minuten durchkneten. Den Teig abdecken, 30 Minuten rasten lassen, danach auf einer bemehlten Arbeitsfläche dünn ausrollen und in fingerlange und fingerbreite Streifen oder auch daumengroße Streifen schneiden. Mit einem Küchentuch abdecken und möglichst frisch verwenden.

Sebadas

Noch eine Spezialität aus Sardinien. Diese Teigtaschen werden in Öl frittiert. Der Teig ist der gleiche wie bei den Pardulas, doch die Füllung ist ein Ziegen- oder Schafsfrischkäse, welchen man mit etwas Wasser und Mehl verrührt hat. Die Täschchen haben die Form von Halbmonden und werden nach dem Frittieren noch heiß mit Honig überzogen und sofort genossen.

Die mit Schafkäse gefüllten Teigtaschen werden in Schmalz schwimmend ausgebacken.

Garganelli

300 g Weizenmehl
3 Eier
30 g Parmesan

Mehl, Eier und Parmesan vermengen und so lange bearbeiten, bis ein homogener, elastischer Teig entsteht. Diesen Teig ziemlich dünn ausrollen und in Quadrate von 6 cm Kantenlänge schneiden. Daraus die eigentlichen Garganelli herstellen: Die Teigstücke um ein fingerdickes Stöckchen wickeln und dabei gleichzeitig über den sogenannten „Kamm“ (ein speziell gerilltes Brett) gleiten lassen.

Garganelli isst man mit zerlassener Butter und Fleischsauce.

Culingionis

Culingionis sind 5 x 5 cm große gefüllte Teigtaschen aus Sardinien, welche den Ravioli sehr ähnlich sind. Die Füllung besteht hauptsächlich aus dem aromatischen Sardischen Pecorino, welcher mit Mangold, etwas Zwiebel, Olivenöl extravergine und Ei zu einer homogenen Füllmasse verarbeitet wird, die man mit Safran, Muskatnuss und Salz würzt.

Die Culingionis werden traditionell mit einer mild-würzigen Tomatensauce und reichlich geriebenem Pecorino aufgetischt.

Cialsons (Cjalcions)

Teig
300 g Weizenmehl (vorzugsweise italienische Typ 00)
3-4 Eier
Prise Salz

Füllung
1 große Kartoffel (vorwiegend festkochend ca. 75-100 g schwer)
1 Ei
50 g weiche oder flüssige Butter
1 kleine Zwiebel feingehackt
1 EL Korinthen (ersatzweise Rosinen)
1 EL feingehackte Petersilie
1 EL gehackte Minze
abgeriebene Zitronenschale
2 EL Kristallzucker
Zimt
Salz

125 g Butter
125 g gehobelter Ricotta
Prise Zucker
Zimt

Hierbei handelt es sich um Teigtaschen aus dem Friaul mit einer Füllung auf Kartoffelbasis, die den Kärntner Kasnudeln sehr ähnlich ist, zusätzlich aber mit Zimt und Zucker gewürzt wurde.
Aus Mehl und Eiern einen homogenen Pastateig herstellen, diesen rasten lassen, danach halbieren und zu zwei Teigplatten ausrollen.

Zwiebel in Butter andünsten, die gekochte Kartoffel schälen und pressen, dann mit dem Zwiebel und der Bratbutter vermischen. Restliche Zutaten für die Füllung dazugeben und alles zu einer homogenen Masse verarbeiten; gut abschmecken. Aus der Masse kleine Kugeln formen.

Nun kann man (z.B. mit einem Ausstecher oder einem Glas) Kreise aus den Teigplatten ausstechen und diese mit der Füllung belegen – wenn man diese zusammenklappt und die Ränder gut verschließt, erhält man Halbmonde. Oder man belegt die erste Teigbahn in regelmäßigen Abständen mit kleinen Kugeln von der Füllung, deckt mit der zweiten Teigplatte ab und radelt die Cjalcons aus.

Teigtaschen in gut gesalzenem Wasser kochen, bis sie oben schwimmen.

Zwischenzeitlich hat man die Butter erhitzt und nach Geschmack mit Zucker und Zimt gewürzt. Die fertigen Cjalcions abgetropft in Teller füllen und mit der Würzbutter beträufeln. Mit geriebenem Ricotta bestreut servieren.

Hinweis

Es gibt die Cialsons in den Karnischen Alpen in vielen regionalen Füllungen. Eine weitere traditionelle Form ist beispielweise mit Blattspinat, Petersilie, Semmelbröseln, Ei, Kakao, Sultaninen, Zitronat, Zimt und Käse gefüllt.

Cialsons – Hier mit Spinat gefärbt und mit Mohn und Ricotta garniert

Marubini

Sind große, runde Teigtaschen aus Cremona. Sie werden mit einer Füllung aus blanchierten und gehackten Walnüssen, Eiern, reichlich Parmesan sowie Semmelbröseln nach Bedarf hergestellt und deutlich merkbar mit Muskatnuss abgeschmeckt.

Für die Füllung gibt es kein einheitliches Rezept, die darf jeder nach seinem persönlichen Geschmack mischen.

Ravioli fritti

Ravioli-Reste lassen sich auf diese Weise wunderbar in einen köstliche Happen verwandeln. Die gekochten Ravioli (vom Vortag, ohne anhaftender Sauce) werden hierfür einfach vorsichtig in Öl knusprig frittiert, abgetropft und mit einem Gemisch aus geriebenem Käse, Oregano, Pfeffer aus der Mühle und Salz bestreut aufgetischt.

Tajarin

1 kg Mehl
5 ganze Eier
10 Eigelbe
2–3 EL Olivenöl (extravergine)
Salz

Diese Schnittnudeln aus dem Piemont sollten so fein wie Engelhaar sein. Eine weitere Besonderheit ist die außergewöhnliche Anzahl an Eiern, die für die Teigbereitung benötigt wird.

Mehl auf ein großes Holzbrett häufen. In der Mitte eine Vertiefung formen, die ganzen Eier und die Eigelbe hineingeben. Öl und Salz hinzufügen. Vom Rand her Mehl über die Eier schieben und das Ganze langsam zu einem gleichmäßigen Teig verarbeiten. Gut abkneten.

Eine Arbeitsfläche mit Mehl stauben und den Teig mit einem Nudelholz möglichst dünn ausrollen, man kann den Teig auch durch eine Nudelmaschine ziehen. Den Teig nach dem Ausrollen einige Zeit rasten lassen.

Das Teigblatt mit Mehl stauben und aufrollen. Mit einem scharfen Messer hauchfeine Streifen von der Teigrolle abschneiden. Die Tajarin nun wieder ein wenig ruhen lassen. Tajarin werden zwei bis drei Minuten in Hühnerbrühe oder Salzwasser gekocht und zumeist mit einer Sauce aus Hühnerleber und Trüffeln aufgetischt.

Tarjarin, getrocknet

Slowenien

Mlinse

250 g Mehl
125 ml Wasser

Diese Spezialität ist auch in der Steiermark unter der Bezeichnung „Scharl" oder „Scharling" bekannt.

Aus Mehl und Wasser einen festen Nudelteig kneten, diesen rasten lassen und anschließend sehr dünn ausrollen. Für gewöhnlich werden die Mlinsen nach dem Brotbacken im Backofen oder Backrohr gebacken – eigentlich eher getrocknet. So sind die Teigfladen sehr lange haltbar.

Die spröden, dürren Teigflecke werden in kleine Stücke gebrochen und in Salzwasser gesiedet. Wenn sie weich sind, schöpft man sie ab und verwendet sie als Beilage, oder man schmalzt sie für eine eigenständige Mahlzeit mit reichlich Schmalz und viel gerösteter Zwiebel ab.

Štruklji

500 g feiner Topfen (20 % Fett)
4 EL Weizengrieß
2 größere Hand voll griffiges Mehl
1 Ei
Salz
2–3 EL Butter
Brösel

Dies ist eine recht einfache und schnelle Variante der berühmten slowenischen Teigware.

Den Topfen leicht salzen, Ei, Weizengrieß und Mehl dazugeben. Aus allen Zutaten rasch einen Teig kneten und eine halbe Stunde kühl rasten lassen.

Reichlich Brösel (etwa 2–3 Hand voll) in Butter rösten. Den vorbereiteten Teig in einem (eher kleinen) Rechteck ausrollen. Den Teig mit den gerösteten Bröseln bestreichen und zusammenrollen.

Ein Küchentuch mit griffigem Mehl bestreuen, die Struklji in ein Tuch einwickeln und mit Garn zusammenbinden. Die Rolle 15 bis 20 Minuten in Salzwasser sieden lassen.

Die gegarte Rolle aus dem Teig wickeln, in Scheiben schneiden und entweder als Hauptgericht mit Salat oder als Beilage zu Fleischgerichten servieren.

Ungarn

Tarhonya/Eiergraupen

1 kg Mehl
10–12 Eier
etwas Wasser (etwa 10–12 EL)
Salz

Das Wort „Tarhonya" ist turk-osmanischen Ursprungs. In Ungarn soll demnach die Kunst der Eiergraupenherstellung im 16. und 17. Jahrhundert zur Zeit der osmanischen Herrschaft von den Türken übernommen worden sein. Ihren Namen haben sie übrigens von der Form, die stark an Gersten- oder Reiskörner erinnert.

Nirgendwo sonst sind die Tarhonya derart beliebt wie in Ungarn, wo sie noch heute bevorzugt von Hand zubereitet werden, weil die händisch gearbeiteten Tarhonya einfach besser schmecken als solche aus industrieller Fertigung.

Tarhonya auf Geschirrtuch zum Trocknen

Für den eigentlichen Teig gibt es kein alleingültiges Rezept – jede Hausfrau, jeder Koch hat da sein eigenes Geheimnis; daher ist hier nur ein Grundrezept angegeben. Wichtig für die Zubereitung perfekter Eiergraupen ist das sogenannte Eiergraupen-Sieb, ist dies nicht zur Hand, so sollte man lieber die „geraspelten Nudeln" (nachstehend) herstellen:

Die Eier aufschlagen und mit etwas Wasser und Salz verrühren. Nun etwas vom Eier-Wasser zum Mehl geben und gut durchkneten, dann wieder etwas Eier-Wasser dazugeben und weiterkneten. Diesen Vorgang so lange wiederholen, bis die gewünschte (sehr feste) Konsistenz erreicht ist. Die fertige Mischung wird nun mit viel Kraft durch besagtes Eiergraupen-Sieb gerieben, dann die Graupen auf einem Tuch ausbreiten und trocknen – in Leinensäcke gefüllt, halten die Tarhonya monatelang.

Beim Kochen kann man auf zwei Arten verfahren: 1. Tarhonya einfach in Salzwasser oder Rindsuppe kochen und 2. Tarhonya vor dem Verwenden als Suppeneinlage in Fett rösten, wodurch es geschmackvoller wird.

Hinweis

Tarhonya werden gerne auch als Beilage genommen. Hierfür braucht man 250 g Tarhonya, 1–2 Schalotten, 50 g Schmalz, etwas Paprikapulver und Salz. Die Eiergraupen werden in Fett goldgelb angeröstet, dann kommt die gehackte (oder geriebene) Schalotte dazu. Alles vom Herd nehmen, mit Paprikapulver und Salz abschmecken und mit der doppelten Menge (500 ml) kochendem Wasser auffüllen. Zudecken und im mild-heißen Backofen 15 Minuten ausquellen lassen; vor dem Servieren auflockern. Eine tolle Beilage zu Pörkölt, Gulasch und Ragouts.

Rezelt tészta/Geraspelte Nudeln/Reibgerstl

1 kg Mehl
5 große Eier

Mehl und Eier ohne Zugabe von Wasser sehr gründlich zu einem sehr festen Teig verkneten. Diesen auf einem Reibeisen raspeln (daher der Name) und anschließend auf einem Tischtuch ausgebreitet trocknen lassen.

Reibgerstl in einem Schraubglas aufbewahren – Zubereitung wie Eiergraupen.

Griechenland

Chilopítes

1,5 kg Weizenmehl
200 g feiner Weizengrieß
8–10 Eier
250 ml Milch
2–3 EL Salz

Diese spezielle, griechische Nudelsorte ist breit, kurz geschnitten und sehr dünn. Weil chilopítes nur gut sind, wenn sie wirklich hausgemacht wurden, sollten sie unregelmäßig geschnitten sein und keine Nudel der anderen gleichen.

Wichtig ist, dass die Nudeln an einem gut belüfteten, trockenen, warmen Ort mehrere Tage trocknen können, wodurch sie mehrere Monate haltbar gemacht werden.

Das besondere Geschmackserlebnis ist, dass sich chilopítes auf der Zunge recht saftig und feucht anfühlen. Das hat mit der speziellen Garmethode zu tun, denn die Nudeln werden in relativ wenig Wasser gekocht – meist nur soviel, dass man sie gar nicht abzugießen braucht. Serviert werden chilopítes als Beilage oder mit zerbröseltem Feta, Olivenöl, Oregano und Pfeffer als eigene Mahlzeit.

Milch mit Weizengrieß und Salz verrühren, danach zugedeckt 1 Stunde rasten lassen. Mehl in eine große Bachmulde oder Holzwanne geben, mit der Hand eine Vertiefung hineindrücken und die Eier hineinschlagen. Die Grießmilch dazugießen und alles zu einem homogenen und geschmeidigen Teig verarbeiten – evt. wird man etwas Wasser (oder Milch) nachgeben müssen. Den Teig zugedeckt eine Stunde rasten lassen.

Anschließend zu einer Kugel formen und in kleinere Portionen teilen. Jeweils eine Teigportion mit einem recht dünnen Holzstab sehr dünn ausrollen; das erfordert etwas Übung und Geschick. Danach den hauchdünnen Teigfladen mit einem scharfen Messer in nicht zu gleichmäßige Streifen schneiden, diese wiederum in Stücke.

Die Nudeln auf ein Baumwolltuch ausbreiten und an einem gut belüfteten Ort mindestens 4–5 Tage trocknen lassen. Danach das Baumwolltuch einfach wie einen Sack zusammenbinden und aufhängen – die Nudeln halten sich nun mehrere Monate.

Kritharáki

Diese griechischen Nudeln werden im Grunde genommen genauso hergestellt wie italienische Hartweizengrieß-Pasta. Man nimmt einfach 500 g feinen Hartweizengrieß, Wasser nach Bedarf (hängt von der Beschaffenheit des Grieß ab) und knetet daraus (mit Hilfe einer Maschine) einen homogenen Teig. Dieser wird dann in extra dafür hergestellten Formen zur charakteristischen Form, die einem großen Reiskorn ähnlich ist, gepresst. Nach einem Trocknungsprozess von 6–12 Stunden (je nach Größe der „Reiskörner" und Klima) – die Nudeln müssen beinahe jegliche Feuchtigkeit eingebüßt haben – werden die Reisnudeln abgepackt.

Interessant ist, dass die griechischen Reisnudeln in Griechenland auch wie Reis zubereitet werden. Man kocht sie nicht wie Teigwaren in Salzwasser, sondern verarbeitet sie zu Risotto- oder Paella ähnlichen Gerichten, wobei die Feuchtigkeitsmenge genau auf die Reisnudeln abgestimmt ist.

Ukraine

Haluschky

600 g Weizenmehl
2 Eier
125 ml Milch
Salz

Diese ukrainischen Teignocken erinnern eher an Kissen – sie sind saftig und schmecken sensationell gut zu Braten mit viel Sauce. Haluschky werden aber auch nur mit viel zerlassener Butter und saurer Sahne als einfache Hautmahlzeit serviert.

Die Eier mit Milch verquirlen, anschließend mit Weizenmehl und Salz zu einem glatten Teig verarbeiten. Den Teig fast fingerdick auswalken und in gleichmäßige Quadrate von ca. 2 x 2cm Kantenlänge schneiden. Die Teigstücke in Salzwasser leise ziehen lassen, bis sie an die Oberfläche kommen. Noch etwas ziehen lassen, dann mit einer Schaumkelle herausnehmen und nach Wunsch weiterverarbeiten.

Warenyky

Teig
500 g Weizenmehl
2 Eier
250 ml Wasser
1 TL Salz

Warenyky sind halbkreisförmige Teigtaschen – gefüllt mit dem, was das Herz gerade begehrt oder die Speisekammer herausgerückt hat. Am beliebtesten sind Leberfüllung, Hackfleischfülle oder Kartoffelfüllungen, aber auch mit Bohnen, Kraut, Kohl, Zwiebeln, Grieben, Pilzen und Topfen werden die Warenyky gefüllt. Liebhaber von Süßem füllen sie z. B. mit Rosinen, Kirschen, Erdbeeren, Blaubeeren, Äpfeln, Backpflaumen oder Mohn.

Die Zubereitung ist nicht schwer, erfordert aber, dass man einige Punkte beachtet: das Mehl sollte ein nicht zu trockenes Weizen-Auszugsmehl sein, und der Teig muss stets sehr elastisch sein. Und egal für welche Füllung man sich entscheidet, zerlassene Butter und Sauerrahm gehören immer dazu und werden großzügig über den fertigen Warenyky verteilt. Weil die Warenyky tatsächlich so etwas wie ein Nationalgericht der Ukraine sind, im Anschluss eine pikante, eine vegetarische und eine süße Variante.

Alle Zutaten zu einem homogenen und elastischen Teig verarbeiten, diesen mindestens 20 Minuten rasten lassen. Den Teig danach 1–1,5 mm dünn auswalken (für Warenyky mit Kirschen, Heidelbeeren etc. doppelt so dick) und mit einem Wasserglas oder Ausstecher Kreise von etwa 8–10 cm Durchmesser ausstechen. Jeweils einen guten Teelöffel Füllung in die Mitte der Teigblätter geben, diese zu Halbmonden zusammenklappen und an den Rändern mit den Zinken einer Gabel fest zusammendrücken.

Die Teigtäschchen werden in reichlich leicht gesalzenem Wasser knapp 10 Minuten gegart, bis sie oben schwimmen. Fertige Warenyky mit einer Schaumkelle herausnehmen und sofort in zerlassener Butter schwenken, damit sie nicht zusammenkleben.

500 g Rinderleber
4 EL Butterschmalz
3 mittlere Zwiebeln
100 g fetter Schweinespeck (Rückenspeck)
Pfeffer aus der Mühle
Salz

Füllung 1:
Leber grob würfeln, in 2 EL Fett anbraten und anschließend zugedeckt weich schmoren. Gehackte Zwiebeln in restlichem Fett anbraten. Wenn die Leber weich ist, wird sie mit dem Speck durch den Fleischwolf gedreht und anschließend mit den Zwiebeln zu einer Farce verrührt; gut abschmecken.

500 g Sauerkraut
1 große Zwiebel
1 Karotte
1 Petersilienwurzel
Öl zum Braten
Pfeffer aus der Mühle
Salz

Füllung 2:
Das feingehackte Sauerkraut anbraten, danach gut 20 Minuten weich dünsten lassen. Restliches Gemüse putzen, feinst hacken und ebenfalls anbraten, dann zum Sauerkraut geben und alles noch 15 Minuten weiterschmoren lassen; dabei kräftig würzen.

Übrigens: Zu diesen Warenyky isst man auch in reichlich Butter goldbraun gebratene Zwiebelringe.

750 g Sauerkirschen
300 g Zucker
1 Hand voll Kirschkerne

Füllung 3:
Kirschen mit 150 g Zucker vermischen und einige Stunden an einem warmen Ort ziehen lassen, dann abgießen und den Kirschsaft auffangen. Die gezuckerten Kirschen in die Warenyky füllen – s.u.. Für die Sauce die Kirschkerne im Mörser zerstoßen, mit 200 ml Wasser aufkochen und gut 10 Minuten kochen lassen, danach abseihen. Den restlichen Zucker zugeben, noch einmal aufkochen und auf großer Flamme reduzieren. Den Zuckersirup mit dem aufbewahrten Kirschsaft vermischen und als Sauce zu den gekochten Warenyky reichen.

Georgien

Chinkali

Teig
650 g Mehl
etwa 150 ml lauwarmes Salzwasser

Chinkali essen muss gelernt sein: man isst sie grundsätzlich von der Hand in den Mund, dafür hält man sie mit den Fingern am Knauf und beißt zunächst vorsichtig ab, um den herrlichen Fleischsaft zu schlürfen – aber Vorsicht: dieser im Teig eingeschlossene Saft läuft auch gerne über die Hände oder tropft auf die Kleidung!

Das Lammhackfleisch mit Wasser, Koriander, Zwiebeln und evt. auch Knoblauch verkneten, dabei mit Salz und Pfeffer kräftig würzen.

Aus Mehl und Salzwasser einen glatten Teig herstellen, diesen dünn ausrollen und Kreise von 15 cm Durchmesser ausstechen. In die Mitte eines jeden Teigblattes 1,5–2 EL Fleischfüllung setzen. Die Teigränder in der Mitte über der Füllung zusammenraffen und vorsichtig miteinander verkneten – der so entstandene Strunk dient später als „Haltegriff" beim Essen.

Die Chinkali in einem großen Topf mit wenig gesalzenem Wasser ganz leicht sieden lassen, dabei ab und zu mit dem Holzlöffel umrühren. Wenn alle Chinkali an der Oberfläche schwimmen, noch etwa 5–6 Minuten weitersieden lassen. Dann die Chinkali mit einer Schaumkelle herausfischen, mit schwarzem Pfeffer bestreuen und noch heiß (aus der Hand) genießen.

Füllung
750 g Lammhackfleisch
100–125 ml lauwarmes Wasser
3 große Zwiebeln, sehr fein gehackt oder gerieben
1–6 geriebene Knoblauchzehen, nach Geschmack und Belieben
1 Bund Koriander, fein gehackt
schwarzer Pfeffer aus der Mühle
Salz

Teig etwa 2 cm dick auswalken.

Mit einem Ausstecher Kreise ausstechen.

Diese anschließend mit den Händen etwas flach drücken, dünn auswalken. Zur besseren Verarbeitung können diese Teigplatten …

aufeinander gestapelt werden (Mehl dazwischen verhindert das Zusammenkleben). Mit je 1 EL Füllung belegen.

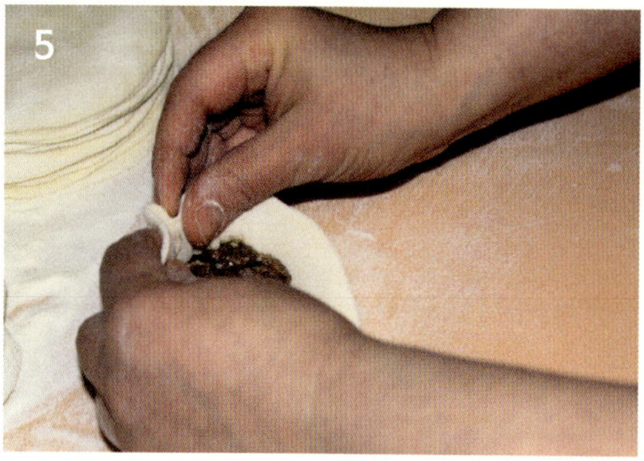

Teigrand hochklappen und den Rand wie eine Zieharmonika um die Füllung herum ...

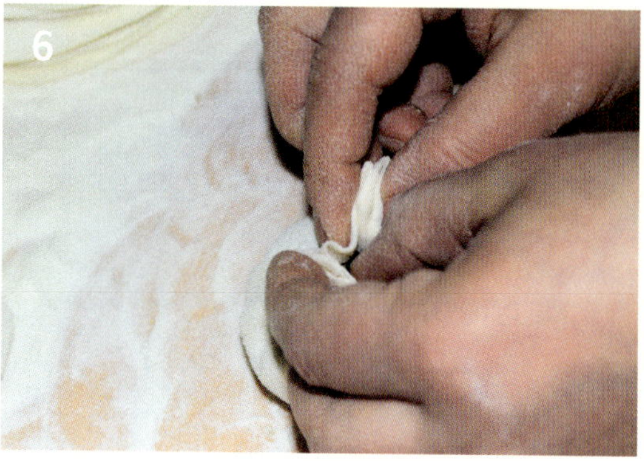

... zusammenfalten, dann die einzelnen Falten über der Füllung zusammenfassen und -drehen.

So erhält man eine Teigtasche, die man an der Spitze zusammendreht, schüttelt und ...

... im Uhrzeigersinn auf der Arbeitsplatte dreht, bis sie ihre typische Form erhalten.

Usbekistan

Manty

Manty sind im Grunde genommen nichts anderes als sehr große Pelmeni (siehe Seite 107), welche allerdings in Brühe gegart werden. Zumeist sind sie nicht vollends verschlossen, so dass man aus einer Öffnung zuerst den köstlichen Fleischsaft schlürfen kann, um anschließend das Teigtäschchen genussvoll zu verspeisen. Für gewöhnlich wird die Füllung für Manty – wie die Pelmeni ja auch – aus mehreren Sorten Fleisch hergestellt, man kann aber auch nur Lammfleisch nehmen oder eine Mischung aus Schweinefleisch und Rindfleisch; gewürzt wird mit geriebener Zwiebel, im Mörser zerstoßenem Koriandersamen, schwarzem Pfeffer aus der Mühle und Salz, wer mag, gibt auch noch reichlich gepressten Knoblauch dazu.

Arabische Welt

Auch **Bulgur** und **Couscous** werden aus Hartweizen hergestellt. Während Bulgur (eine Art Grütze) aus hydrothermisch vorbehandeltem (vorgekochtem) Hartweizen besteht, der nach dem Trocknen von der freigelegten Kleie befreit wurde, so handelt es sich bei Couscous schon um eine Art „Vorstufe" der bekannten italienischen Pasta aus Hartweizengrieß und Wasser (ohne Ei). Wenn man nämlich Hartweizengrieß in der Teig-Maschine mit Wasser vermengt, so erzeugt man, genau genommen, einen Couscous. Allerdings würde man für Couscous einfach das Hartweizengrieß-Wasser-Salz-Gemisch verwenden, während man das Gemisch für italienische Hartweizengrieß-Pasta noch in Form presst.

Couscous …

… und Bulgur

Couscous wird in Teilen Afrikas aber auch heute noch händisch hergestellt:

Traditionellerweise wird der Grieß zuerst (eventuell mit Zugabe von etwas Mehl, was das Verarbeiten vereinfacht) ausgebreitet und mit Salzwasser besprenkelt, wodurch sich beim Vermengen nicht zu feuchte, etwa tropfengroße Klumpen bilden. Dann zerreibt man diese Klumpen zwischen den Handflächen und formt sie dabei zu millimetergroßen Kügelchen. Zu kleine Kügelchen werden (immer wieder) ausgesiebt, erneut befeuchtet und gerieben, bis der gesamte Grieß zu einem gleichmäßigen Couscous verarbeitet worden ist. Falls die Couscous-Körner zu sehr aneinanderhaften, gibt man frischen, trockenen Grieß dazu. Schließlich wird der Couscous an der Sonne getrocknet, wodurch er lange haltbar wird. Wer mag, kann den Couscous mit Kürbis orange färben (macht man z. B. in Tunesien) oder auch mit Safran gelb einfärben (was z. B. in Algerien beliebt ist). Für viele Historiker ist Couscous der Ursprung der heutigen Pasta.

Teigwaren auf Kartoffelbasis und Gnocchi

Teigwaren mit Kartoffelteig

Bubespitzle

1 kg gekochte Kartoffeln vom Vortag
3 Eier
100 g Mehl
1 Prise Salz

Woher der Name kommt? Betrachten Sie die Nudeln und denken Sie über den Namen nach!

Die geschälten Kartoffeln durch die Presse drücken, Eier, 1 Prise Salz und so viel Mehl dazugeben, bis der Teig fest ist. Gut durchkneten, zu einer lange Rolle formen und kleine Stücke von ca. 1 cm Dicke abschneiden. Auf einem bemehlten Brett oder zwischen den Händen zu kleinen, fingerlangen Würsten drehen. In kochendes Salzwasser geben, wenn die Teigwaren oben schwimmen, herausnehmen, abtropfen lassen und portionsweise in heißem Butterschmalz goldgelb braten.

Nackete Mariele

1 kg gekochte Kartoffeln
200 g Mehl
50 g weiche Butter
Salz
100 g Butter

Aus dem Mehl, den feingeriebenen Kartoffeln, der weichen Butter und etwas Salz einen nicht zu festen Teig kneten und daraus daumendicke, fingerlange Nudeln formen. Diese Nudeln werden nicht gekocht, sondern in reichlich zerlassener Butter eher gedämpft, als gebraten (die Nudeln müssen hell bleiben). Man serviert sie als Beilage, oder mit Zimt und Zucker bestreut, zusammen mit Apfelmus als Hauptspeise.

Gnocchi mit gerösteten Speckwürfeln (Rezept siehe Seite 141)

Schupfnudeln

500 g Kartoffeln
200 g Mehl
50 g Butter
1 Ei
Muskatnuss
1 Prise Salz
Butter zum Braten

Die Kartoffeln in der Schale kochen, schälen und abkühlen lassen. Mit einer Kartoffelpresse in eine Schüssel drücken und das Mehl, die weiche Butter in Flöckchen, das Ei, etwas frisch geriebene Muskatnuss sowie gut eine Prise Salz dazugeben. Alles zu einem homogenen Teig verarbeiten, gut durchkneten.

Den Teig auf einer bemehlten Arbeitsfläche zu langen, fingerdicken Rollen formen, von diesen 5–6 cm lange Stücke abtrennen, diese zu Nudeln formen und die Enden möglichst spitz zulaufen lassen.

Einen großen Topf mit Salzwasser zum Kochen bringen. Die Schupfnudeln portionsweise darin kochen, bis sie an der Oberfläche schwimmen. Mit einem Schaumlöffel herausheben und abtropfen lassen.

Butter in einer weiten Pfanne erhitzen und die Schupfnudeln unter regelmäßigem Wenden goldbraun braten.

Schupfnudeln schmecken am besten abgeschmälzt

Hinweis

Schupfnudeln lassen sich geschmacklich variieren, wenn man sie z. B. mit gehackten Kräutern, Nüssen oder fein gemahlenen Kürbiskernen anreichert.

Kürbiskern-Schupfnudeln mit Honig

Erdäpfelnüdei

Eine Spezialität aus dem österreichischen Bundesland Salzburg.

Gekochte, geschälte und geriebene Kartoffeln mit Mehl, einem Ei und einer Prise Salz zu einem Teig kneten, der ziemlich fest sein sollte. Davon Stücke abschneiden, diese zu langen Rollen formen und anschließend in 2 cm lange Stücke schneiden. Aus jedem dieser Stücke mit der Handfläche auf dem Küchenbrett eine Nudel formen.

Diese Nudeln in Salzwasser kochen, bis sie oben schwimmen, herausschöpfen, abtropfen lassen und anschließend in einer Kasserolle mit Schmalz abschmälzen; man kann dem Schmalz auch gut eine Hand voll Semmelbröseln hinzufügen und die Nudeln darin rösten. Alles noch eine Weile in den Ofen stellen, bis die Nudeln eine schöne Farbe haben.

400 g Kartoffeln
50 g Mehl
1 Ei
1 Prise Salz
Schmalz
evt. Semmelbrösel

Erdäpfelnudeln

Am Vortag gekochte Kartoffeln schälen, reiben und mit Mehl, Dottern, zerbröselter Butter und gut einer Prise Salz zu einem lockeren Teig vermengen; daumendicke Röllchen daraus formen. Diese in 5 cm lange Nudeln schneiden und in eine mit Butter gut eingefettete Form senkrecht hineinschlichten. Die Oberseite großzügig mit zerlassener Butter bestreichen, die Nudeln anschließend im Ofen bei 180 °C goldgelb backen.

400 g mehlige Kartoffeln
150 g Mehl
2 Dotter
50 g Butter
2 Eier
125 ml Milch
Salz

Variante

Man kann die Erdäpfelnudeln auch mit 1 l Milch und 100 g zerlassener Butter übergießen und im Rohr langsam dünsten.

Waldviertler Erdäpfelnudeln

Die Kartoffeln kochen, schälen, reiben, salzen, mit Grieß locker vermengen, danach mit Ei, Butter und der notwendigen Menge Mehl zu einem weichen Teig kneten. Daraus auf einem bemehlten Brett dünne Rollen formen, davon daumenlange Stücke schneiden, welche man mit der flachen Hand zu Nudeln wuzelt.

Die Nudeln 10 bis 12 Minuten in Salzwasser garen, abseihen, kalt abschrecken, gut abtropfen lassen und anschließend in Butterbröseln schwenken. Diese Nudeln werden als Beilage zu Braten mit viel Soße gereicht oder zugezuckert mit Kompott als eigenständiges Gericht aufgetischt.

500 g mehlige Kartoffeln
100 g Mehl
80 g Grieß
1 Ei
30 g Butter
Salz
50 g Brösel
80–100 g Butter oder Schmalz

Tiroler Erdäpfelnocken

Aus gekochten, geriebenen Kartoffeln, Mehl, Milch, Eiern und Salz einen nicht zu festen Nockerlteig herstellen, den man nach Wunsch zusätzlich mit geriebenem Hartkäse würzt. Nocken abstechen und in Salzwasser kochen, bis sie oben schwimmen, abschöpfen, abtropfen lassen und in Butter schwenken.

4 gekochte Kartoffeln
300 g Mehl
250 ml Milch
2 Eier
Salz

Waldviertler Mohnnudeln

500 g mehlige Kartoffeln
250 g Vorschussmehl
75–100 g Butter
200 g geriebener Mohn
100 g Zucker
1 Prise Salz

Die Kartoffeln schälen, vierteln und in Salzwasser kernig weich kochen, dann abseihen. Kartoffeln in einen Topf füllen, Vorschussmehl darüberstreuen und mit dem Stiel eines Holzlöffels Löcher hineinstechen. Deckel auflegen und im Rohr 30 Minuten garen, bis sich das Mehl vom Topfrand löst (das heißt ein leicht bräunlicher Rand entstanden ist).

Die Masse vom Herd nehmen, gut zerstampfen und auf einem Nudelbrett zu einem Teig abarbeiten. Anschließend kleinere Nudeln daraus wutzeln. In einer Pfanne Butter zerlaufen lassen und darin die Nudeln mit Mohn, Zucker (oder Honig) und eventuell etwas Rum durchschwenken.

Hinweis

Im Waldviertel isst man dazu traditionell Sauerkraut.

Variante

Statt des Vorschussmehls kann man auch Roggenmehl nehmen; dieses wird genauso auf die Kartoffeln gestreut, man braucht das Ganze aber nicht in den Ofen geben, sondern nur 5–6 Minuten ziehen lassen, bevor man einen Teig daraus knetet.

Gänseleber-Taschen

Teig
500 g mehlige Kartoffeln (am besten Bintje)
150 g griffiges Mehl
1 Ei
1 EL Stärkemehl

Füllung
1 Gänseleber (300 bis 400 g)
100 g Kartoffeln
3 EL Semmelbrösel
2 EL feinst gehackte Zwiebel
1 Ei
1 EL frischer Majoran
2 EL Öl
1 Schuss Portwein
Pfeffer aus der Mühle
Salz

Kartoffeln in der Schale kochen und über Nacht auskühlen lassen. Am nächsten Tag die Kartoffeln schälen und passieren; mit den übrigen Zutaten nicht zu lange zu einem Teig verkneten; möglichst sofort weiterverarbeiten. Daher sollte die Füllung schon parat stehen:

Gänseleber häuten, in Alufolie wickeln und im Rohr 20 Minuten bei 180 °C garen; anschließend durch die feine Scheibe des Fleischwolfs drehen. Die in der Schale gekochten Kartoffeln schälen und ebenfalls durch den Fleischwolf drehen. Leber- und Kartoffelmasse miteinander vermengen. Gehackte Zwiebel in etwas Öl hellgelb braten, salzen und pfeffern. Majoran und Brösel untermischen und mit Portwein abschmecken.

Den Kartoffelteig auf einer bemehlten Fläche knapp einen ½ cm dick ausrollen und Kreise von etwa 8 cm Durchmesser ausstechen. Je einen gehäuften Teelöffel der Gänseleberfüllung auf die Teigflecken setzen, zweiten Teigkreis darauflegen und die Ränder mit den Fingern gut zusammendrücken.

Diese Gänselebertaschen 10 Minuten in Salzwasser kochen, bis sie oben schwimmen. Abschöpfen, abtropfen lassen und mit in Butter (oder noch besser: Gänseschmalz) gerösteten Zwiebelringen anrichten. Dazu passen beispielsweise Sauerkraut, Rotkraut oder/und Kartoffelpüree.

Powidltascherln

Teig
500 g mehlig-kochende Kartoffeln
150 g griffiges Mehl
1 Ei
1 EL Stärkemehl
1 Prise Salz

Füllung
150–200 g Powidl
2–3 EL Rum
etwas gemahlener Sternanis

reichlich zerlassene Butter
reichlich Semmelbrösel und Staubzucker zum Bestreuen

Die Kartoffeln kochen und über Nacht auskühlen lassen. Am nächsten Tag die Kartoffeln schälen und durch die Presse drücken. Die Kartoffelmasse mit den restlichen Zutaten zu einem geschmeidigen Teig verkneten, der sofort weiterverarbeitet werden sollte.

Den Kartoffelteig auf einer bemehlten Arbeitsfläche 3–5 mm dick ausrollen und mit einem Glas Kreise von 6–8 cm Durchmesser ausstechen.

Für die Füllung den Powidl mit Rum und Sternanis abschmecken, danach jeweils einen großen Teelöffel voll auf jede Teigscheibe setzen. Teigkreise zusammenklappen und zu Halbmonden formen. Ränder sorgfältig zusammendrücken.

Die Teigtaschen in siedendem Salzwasser 5–6 Minuten ziehen lassen, danach abtropfen. Reichlich Semmelbrösel in reichlich Butter goldbraun rösten, die Powidltascherln darin wälzen. Auf Tellern anrichten und mit viel zerlassener Butter, gerösteten Semmelbröseln sowie Staubzucker bestreut servieren.

Gnocchi

Die italienische Küche kennt unzählige Sorten für Gnocchi und ähnlich geartete Teigwaren, hinzu kämen dann auch noch die vielen Knödelsorten und -varianten der österreichischen, ungarischen, böhmischen und deutschen Küche. All diese müsste man hier anführen, wollte man vollständig sein. Da dies aber sämtlichen Rahmen sprengen würde, habe ich mich auf vier Gnocchi-Varianten beschränkt, welche aus einem Teig zubereitet werden, der den Nudeln zumindest ähnlich ist.

Einfache Mehlgnocchi

400 g Weizenmehl (gut funktioniert hier der italienische Typ 00, aber auch der Typ 405 oder 480)
Wasser
Salz
zerlassene Butter

Aus Mehl und gut einer Prise Salz unter ständiger Zugabe von etwas Wasser einen homogenen Teig kneten, den man in gleich große Portionen teilt, diese zu Rollen formt und von den Rollen wiederum kleine Stückchen abschneidet. Diese Mehlgnocchi kocht man in Salzwasser, bis sie oben schwimmen, dann lässt man sie abtropfen und vermischt sie mit zerlassener Butter.

Variante

Speckwürfel in Butter in einer Pfanne rösten und über die Gnocchi verteilt servieren (Abb. Seite 136)

Gnocs di urtîs
(Brennnessel-Gnocchi)

500 g Weizenmehl (vorzugsweise ital. Typ 00)
2 Eier
500 g junge Brennnesselblätter
500 g Spinat
zerlassene Butter
Muskatnuss
Salz
Schmalz (oder zerlassene Butter), Ricotta affumicata

Brennnesselblätter und Blattspinat verlesen, unter fließendem kalten Wasser abspülen und kurz in kochendem Salzwasser blanchieren, herausnehmen, abtropfen lassen und im Mixer pürieren. Butter in einer Kasserolle zerlassen, Kräuterpüree dazugeben, aufkochen lassen, mit geriebener Muskatnuss würzen, abschmecken und beiseite stellen.

Aus Mehl, Eiern, dem Kräuterpüree, etwas Muskatnuss und Salz eine teigige, fast pastetenartige Masse rühren. Aus dieser kleine Nocken abstechen, welche in Salzwasser gegart werden (ein Probenockerl zubereiten, wenn es auseinander fällt, muss man noch etwas Mehl nachgeben), bis sie oben schwimmen. Abtropfen lassen und mit heißem Schmalz übergossen servieren. Vor dem Verzehr mit geriebenem Ricotta affumicata bestreuen.

Gnocchi di zucca
(Kürbis-Gnocchi)

1,5 kg Kürbis-Fruchtfleisch (entkernt und ohne Schale)
ca. 100 g Mehl (vorzugsweise ital. Typ 00)
2 Eigelbe
1 Eiweiß
Salz

Kürbis-Gnocchi werden auf zwei grundsätzlich unterschiedliche Arten zubereitet. In Österreich und im Piemont beispielsweise werden sie aus Kartoffeln und Kürbis hergestellt. Im Gegensatz dazu bereitet man sie etwa im Friaul ausschließlich mit Kürbis zu und nicht mit einer Mischung aus Kartoffeln und Kürbis. Perfekt zubereitet, sind sie ohne(!) Kartoffeln unvergleichlich flaumig und schmecken wirklich köstlich:

Das Kürbisfleisch würfeln und in einer ausreichend großen, trockenen Pfanne auf milder Flamme dünsten, bis aller Saft ausgetreten und wieder verdampft ist. Da das Kürbisfleisch keinesfalls anbrennen darf, sollte man zu Beginn sehr wenig Wasser dazugeben, wenn nicht schnell genug Flüssigkeit aus dem Fruchtfleisch austritt. Zum Schluss jedoch sollte das Kürbisfleisch weich, aber so trocken wie nur möglich sein (manche Köche lassen das Fruchtfleisch auch im Ofen trocknen).

Die leicht abgekühlte Kürbismasse nun – z. B. in einem Mixer – zu einer glatten und homogenen Masse verarbeiten, in die man sorgfältig zwei Eigelbe und ein Eiweiß einarbeitet. Salzen und gerade einmal soviel Mehl dazugeben, dass man einen gut formbaren Teig erhält.

Mit zwei Teelöffeln werden nun aus diesem Teig Nocken ausgestochen, welche man in leicht siedendem Salzwasser 5–8 Minuten leise köcheln lässt – sobald die Gnocchi oben schwimmen, sollten sie ein paar mal gewendet werden. Gnocchi mit einer Schaumkelle herausnehmen und auf folgende Arten weiterverarbeiten:

1.Traditionell: Kürbis-Gnocchi leicht nachgesalzen in eine Schüssel füllen und mit reichlich zerlassener Butter übergießen. Vor dem Servieren

Ricotta stagionata (gereifter Ricotta) oder Ricotta affumicata (geräucherter Ricotta) darüber hobeln.

2. Elegant: Zur Trüffelsaison (ab Anfang Oktober) gibt man in den feinen Häusern gerne auch reichlich fein gehobelte Trüffel (vorzugsweise weiße Trüffel aus Istrien) über die mit zerlassener Butter übergossenen Kürbis-Gnocchi. Ersatzweise darf auch Trüffelöl verwendet werden.

3. Zum Konservieren: Die frisch abgeschöpften Kürbis-Gnocchi sofort mit Olivenöl beträufeln, so dass sie damit überzogen sind. Das verhindert ein Zusammenkleben, wodurch man die Gnocchi auch noch am nächsten Tag verwenden oder gar einfrieren kann.

Mehlgnocci mit Salbei

PAIS
COLLEZIONE 2007
COLLE MANORA
VANILLEPASTE
aus natürlicher Vanille
Olivenpaste
Cuttlefish
Tintenfischtinte
Antike Geschmäcker
3/4 PORTIONS PORTIONEN
Riunione
Delicius
Crème d'anchois

Das Färben und Aromatisieren von Nudeln und Teigwaren

Worauf grundsätzlich zu achten ist

Womit kann man färben und aromatisieren

Es ist nicht unbedingt eine neumodische Erscheinung, das Färben und Aromatisieren von Nudeln, doch mittels dieser Technik kann man Modetrends Folge leisten. Während früher bereits Nudeln mit einer Farbe als „exotisch“ galten, so gibt es heute Teigwaren, die einem Farbenspiel gleichen und gleich in mehreren Farben schillern. Diese Nudeln sind zuweilen optisch ein Augenschmaus, doch halten sie dem Geschmackstest nicht immer stand. Nachstehende Tipps und Hinweise sind nicht als Anleitung zu verstehen, sondern sollen lediglich dazu dienen, das Spektrum der Möglichkeiten aufzuzeigen. Ich persönlich empfehle, es mit den Nudeln nicht zu bunt zu treiben!

Worauf grundsätzlich zu achten ist:

1. Grundsätzlich kann man allen Teigsorten durch verschiedene Zusatzstoffe ein anderes Aroma und/oder eine andere Farbe geben. Während das Würzen bei allen Teigformen Sinn machen kann, so ist das Färben nicht immer von Vorteil. Aufgrund einer gewissen neutralen Grundfarbe eignen sich Teigwaren aus Hartweizen oder Weizen am besten für das Färben, während Nudeln aus Roggenmehl beispielsweise automatisch eine unschöne Graufärbung annehmen würden. Ich persönlich finde gefärbte Nudeln aus Roggenmehl, Dinkelmehl und ähnlichen Teigsorten nicht wirklich attraktiv.
2. Bitte beachten Sie, dass die Geschmacks- oder Farbgeber so in den Teig eingearbeitet sind, dass sie möglichst fein zerkleinert sind, damit sie die Matrizen von Nudelmaschinen nicht zerstören – Kräuter-Mühlen, Küchenmaschinen, Fleischwolf oder auch Mixstab leisten da gute Dienste. Zusätze wie Kürbiskerne eignen sich nicht wirklich für das Aromatisieren von normalen Nudeln, können aber beispielsweise Schupfnudeln beigemischt werden. Also: immer darauf achten, wie die Teigware hergestellt und verarbeitet wird.
3. Viele Aromate verlieren ihren Geschmack, wenn man sie trocknet und zu lange lagert – bei sehr langer Lagerung verlieren beinahe alle Zutaten ihren typischen Eigengeschmack. Somit sollte man sich bewusst sein, dass Nudeln, welche für eine längere Aufbewahrung bestimmt sind, zwar die Färbung beibehalten, aber den Geschmack des Aromastoffes nach und nach abbauen und verlieren. Insofern ist das Färben und Aromatisieren insbesondere bei frischen Teigwaren zu empfehlen, weil diese zumeist sofort verarbeitet werden.
4. Wenn man sich für eine Kräutermischung, ein Geschmacksbild oder eine spezielle Optik entschieden hat (und diese beim Kunden ankommt), so sollte man darauf achten, dass das Produkt nach Möglichkeit immer in gleicher Qualität angeboten werden kann. Die wenigsten Kunden mögen geschmackliche oder optische Wechselspiele, sondern lieben die Beständigkeit, den gleichbleibenden Geschmack (leider).
5. Es sollte nur mit natürlichen Farb- und Aromastoffen gearbeitet werden. Diese können in flüssiger, pastöser oder auch in getrockneter Form verwendet werden. Man muss jedoch beach-

ten, dass flüssige Zusatzstoffe weniger intensiv färben und schmecken als die pastösen und die getrockneten. Auch muss man auf die Konsistenz der jeweiligen Teigware Acht geben, denn der Teig sollte durch das Färben/Aromatisieren weder flüssiger, noch trockener werden. Beachten Sie bitte, dass flüssige Zutaten zur Geschmacks- und Farbänderung eine geringere Menge an Ei- bzw. Wasserzugabe nach sich ziehen, damit der Teig nicht zu flüssig wird!

6. Nudeln müssen, wenn sie in den Verkehr gebracht und verkauft werden sollen, eine einwandfreie Qualität aufweisen und somit auch den mikrobiologischen Anforderungen entsprechen. Industriell hergestellte Pulver zur Farb- und Geschmacksgebung sind in dieser Hinsicht bedenkenlos, allerdings können sie auch „künstlich" schmecken. Verarbeitet man Produkte und Lebensmittel aus eigener Landwirtschaft, eigenem Garten oder auch frische Produkte vom Großmarkt, so muss diesbezüglich mehr Acht gegeben werden, damit der Keimgehalt nicht überhöht ist – dies gilt um so mehr, wenn das Lebensmittel getrocknet werden soll.
7. Länderspezifische Gesetze sowie Ge- und Verbote sind zu beachten, vor allem bei der Verwendung von Gewürzen und Pulvern. So ist beispielsweise das Gewürz „Curcuma" in Österreich als gelbfärbende Zutat laut Lebensmittelcodex bei Teig- und Eierteigwaren verboten!
8. Zur Färbung genügen meist geringe Mengen, zum Aromatisieren braucht man etwas mehr von der jeweiligen Zutat. Benutzt man handelsübliche Geschmacksgeber und Färbemittel, so sind die jeweilig empfohlenen Mengen auf der Packung angegeben. Bei frischen Eigenprodukten muss man ein wenig Herumexperimentieren, bis man „seine" Hausmischung hat. Beim Umsetzen der eigenen Vorstellungen und Rezepte ist es also ratsam, die notwendigen Dosierungen in kleinen Nudelchargen mittels „Ausprobieren" herauszufinden, damit nicht all zu viel verworfen werden muss, wenn ein Mischungsverhältnis nicht passt oder ein Teigwaren-Rezept nicht mundet.
9. Falsche Lagerung beeinträchtigt die Qualität des Produktes! Vor allem aromatisierte Teigwaren mit z. B. Nüssen, Kürbiskernen oder auch Teigwaren mit hohem Fettgehalt (Butterzusatz, Kürbiskernöl etc.) können rasch ranzig werden und sollten daher ausschließlich als Frischware angeboten werden.

Wichtig

Frische Zutaten müssen in jeder Hinsicht den mikrobiologischen Anforderungen des Gesetzgebers entsprechen. Deshalb sollten Sie ganz genau wissen, woher die einzelnen Zutaten stammen. Kräuter, Pilze und Wildfrüchte sollten nicht an stark befahrenen Straßen gesammelt und vor allem vor der Verarbeitung immer gesäubert werden. Im Zweifelsfall hilft eine Untersuchung im Labor, denn sie klärt die Unbedenklichkeit der verwendeten Lebensmittel.

Vorteile des Färbens und Aromatisierens

1. Man kann die Nudeln optisch und/oder geschmacklich der Gesamtkomposition einer Speise am Teller anpassen.
2. Man kann aktuellen Modetrends Folge leisten und/oder spezielle Kundenwünsche befriedigen.
3. Man hebt sich bei Eigenkreationen vom industriellen Einheitsbrei ab.
4. Bei frischen Nudeln kann das Ergebnis durchaus geschmacklich und optisch von Vorteil sein.
5. Bunte Nudeln werden zumeist von Kindern geliebt.
6. Für gefärbte Nudeln kann ein höherer Preis verlangt werden.
7. Man kann seiner eigenen Fantasie freien Lauf lassen.
8. Mehr Vielfalt am Teller...

Mit verschiedenen Pulvern gefärbte Nudeln: Kurkuma (gelb), Rote Beete (dunkelrot), Tomate (rot) und Steinpilze (braun)

Nachteile des Färbens und Aromatisierens

1. Der typische Eigengeschmack des Getreides geht weitgehend verloren.
2. Ist der Zusatzstoff geschmacklich dominant, so sind die Verwendungsmöglichkeiten eingeschränkter als bei „neutralen“ Teigwaren.
3. Die Lagerung ist schwieriger und eingeschränkter.

Womit kann man färben und aromatisieren

Grundsätzlich mit allem, was das Herz begehrt!

Ich würde sagen, mit allem, was Sinn und Laune macht!

Wichtig ist, dass man das farb- und/oder geschmackgebende Lebensmittel entsprechend vorbereitet (zerkleinert), weil man maschinell verarbeitetem Teig nur Flüssigkeiten, Pasten oder Pulver beimengen sollte.

Wichtig ist, dass man das farb- oder geschmackgebende Lebensmittel entsprechend vorbereitet.

Bei frischen Teigen (wie beispielsweise Schupfnudeln, Spätzle oder Nockerln), die mit der Hand verarbeitet werden, kann eigentlich alles verwendet werden, was uns Mutter Erde an Lebensmitteln zur Verfügung stellt.

Achtung

Oftmals ist auf Speisekarten von Gemüse-Nudeln (Zucchini-Nudeln, Karotten-Nudeln etc.) die Rede. Hierbei handelt es sich meist nicht um aromatisierte Nudeln, sondern schlicht und einfach um nudelig geschnittenes Gemüse!

Wie kann man besondere Effekte erzielen

Dieses Gebiet fällt wahrscheinlich eher in den Bereich des Designs, denn in den des eigentlichen Kochens/Nudelherstellens, weil die Möglichkeiten, einen Teig zu gestalten, nahezu grenzenlos sind. Hier vier Beispiele:

1. Lasagneblätter mit einer Nudelmaschine ausrollen. Dann eine Teigplatte mit frischen Kräuterblättern (Petersilie, Kerbel etc.) belegen und mit einer zweiten Teigplatte abdecken. Dieses „Teigsandwich“ nochmals durch die Nudelmaschine treiben. Der Teig wird wieder hauchdünn und die Kräuter werden in ihm eingeschlossen.
2. Zwei verschiedene Nudelteige für z. B. runde Ravioli nehmen. So kann man diese z. B. mit einem Weizenteig unten und einem dunkleren Dinkelteig oben zusammensetzen. Oder man mischt einen schwarzen Nudelteig mit einem färbigen (z. B. roten) Nudelteig.

3. Eine färbende Paste nicht gänzlich homogen in den Spätzle-Teig einarbeiten, sondern nur so, dass die Farbe im Teig Schlieren zieht, die mal heller und mal dunkler ausfallen. Wenn man dann Spätzle vom Brett schabt, so sind diese unterschiedlich intensiv gefärbt.
4. Verschieden gefärbte Nudelteige übereinander legen und nochmals durch die Nudelmaschine treiben. So entstehen dann beispielsweise gestreifte breite Bandnudeln oder Cannelloni-Hüllen.

Gängige Zutaten, die zum Färben und Aromatisieren verwendet werden

Anchovis/ Sardellenpaste

Färbung: Gräulich-braun

In Salz eingelegte Anchovis werden mit der Küchenmaschine fein püriert, oder man verwendet eine Sardellenpaste. Je nach Geschmack 50 bis 100 g Paste pro kg Teigmasse nehmen. Bieten sich vor allem für frische Eierteigwaren an und schmecken hervorragend in Kombination mit schwarzen Oliven und Chili.

Bärlauch, frisch

Färbung: Grünlich bis intensiv grün

Frischen Bärlauch kann man im Frühjahr sammeln, er schmeckt deutlich nach Knoblauch. Die Blätter werden durch den Wolf gedreht oder gecuttert. Je nach gewünschter Intensität 40–80 g auf 1 kg Teig geben.

Basilikum, frisch

Färbung: Grün bis deutlich grün

Schmeckt am besten, wenn es aus dem eigenen Garten kommt, ist aber auch ganzjährig im Handel als Frischware erhältlich. Die Blätter werden faschiert oder gecuttert. Man rechnet 40–100 g auf 1 kg Teig.

Birnen

Mit einem Teil Birnenpulver werden spezielle Nudelteige hergestellt, man verwendet diese z. B. für Kletzen- oder Obstnudeln, um den Geschmack zu intensivieren.

Johannisbeere/Cassis

Färbung: Violett

Mit Johannisbeersaft oder Johannisbeerpulver gefärbte Nudeln sind in der so genannten Neuen Küche (vor allem in Frankreich) beliebt. Sie haben ein intensives Aroma und passen hervorragend zu Kalbsbries, Kalbfleisch oder auch zu nicht zu süßen Desserts.

Chilipulver

Je nach Sorte und Auswahl fällt das Chilipulver schärfer oder milder aus, zudem gibt es „gewürztes" Chilipulver, welches mit anderen Gewürzen (z. B. Oregano, Kreuzkümmel, Muskat etc.) angereichert ist.

Färbung:
Bei 25–30 g pro Kilo Teig orange, bei 100 g pro Kilo Teig rostrot

Curry-Pulver

Auch beim Currypulver gibt es unterschiedliche Schärfen, zudem auch unterschiedliche Geschmacksausrichtungen. Eignet sich gut zum Aromatisieren von frischen Eierteigwaren, ist aber auch für getrocknete Pasta zu gebrauchen.

Färbung:
Je nach Anteil von Curcuma und Beschaffenheit; gelb (viel Curcuma) bis gräulichgelb (wenig Curkuma)

Kakao

Man rechnet etwa 40–50 g Kakaopulver auf 1 kg Teig. Diese Nudeln sollten dann in Milch gekocht werden.

Färbung:
Schön dunkel, fast wie Schokolade

Karotten

Mit Karottenpulver lässt sich nicht nur eine schöne Färbung erzielen, sondern auch ein guter gemüsiger Geschmack. Statt Karottenpulver kann man auch fein pürierte Karotten in den Nudelteig mischen.

Färbung:
Helles bis tiefes Orange

Knoblauch, frisch

Industrielles Knoblauchpulver schmeckt hier überhaupt nicht. Ausschließlich frischer Knoblauch wird geschält und feinst püriert der Pasta beigegeben. Er verleiht ihr ein unvergleichliches Aroma. Je nach gewünschter Intensität 40–75 g pro Kilo Teig. Diese Nudeln schmecken sensationell zu Lamm und Garnelen.

Färbung:
Kaum

Kräuter, getrocknet

Sollten in Pulverform verwendet werden. Vor allem Oregano, Thymian, Majoran und Bohnenkraut bieten sich zum Aromatisieren an. Thymianblätter und Rosmarinnadeln können auch frisch verwendet werden, wenn man sie sehr fein hackt oder cuttert.

Riesenravioli mit Kräuter-Spinat-Füllung

Kurkuma

Färbung: gelb bis ocker

Eines der gängigsten Färbemittel in der Küche überhaupt und fixer Bestandteil aller (bei uns üblichen) Curry-Pulvermischungen.

Kuvertüre

Färbung: dunkelbraun

Wird für die Herstellung von Schokonudeln verwendet. Als Zutat kommt die geschmolzene Kuvertüre (meist „zartbitter") in den Teig, zusätzlich gibt man noch etwas Zucker und Kakaopulver hinzu. Das Kakaopulver sorgt vornehmlich für die dunkle Farbe. Schokonudeln sollten bei der Lagerung möglichst keinen großen Temperaturschwankungen ausgesetzt sein, weil sie sonst fleckig werden. Man kocht sie in Zuckerwasser oder Milch.

Oliven

Färbung: Kleine schwarze Flecken im Teig – sofern nur Oliven verwendet werden

Die schwarzen Oliven werden entkernt, klein gehackt und leicht angetrocknet frischen Nudelteigen – vor allem solchen aus Eierteig – beigemengt; zusätzlich kann der Teig mit Anchovis, Oregano und Chili gewürzt werden. Den Teig nicht durch eine Matrize treiben, sondern mit der Hand in Bandnudeln schneiden. Mindestens 50 g gehackte Oliven auf 1 kg Teig sind zu empfehlen.

Paprika/Chili frisch

Färbung: Je nach Paprikamenge orange bis dunkelrot

Paprika- und Chilischoten werden entkernt und von den weißen Adern befreit. Danach kann man sie – wenn gewünscht – auch noch häuten. Man hackt das Fruchtfleisch sehr fein oder erzeugt ein Püree aus ihm; damit versetzt man dann den Teig. Wer eine intensive Färbung wünscht, der gibt zusätzlich etwas Paprikapulver dazu.

Paprikapulver, grün

Färbung: Je nach Menge hellgrün bis grasgrün

Das wohlschmecke grüne Paprikapulver verleiht Teigwaren nicht nur eine hübsche Farbe, sondern auch noch ein exzellentes Aroma, das hervorragend zu Lammgerichten harmoniert.

Petersilie, frisch

Färbung: Schönes, eher helles Grün

Petersilie fein faschieren. Man rechnet mit 50–75 g Petersilie pro Kilo Teig.

Räucherfisch

Färbung: Kaum

Räucherlachs, Räucherforelle oder auch geräucherten Saibling kann man genauso zerkleinern und zum Aromatisieren von frischen Nudeln verwenden. Schmeckt übrigens ausgezeichnet!

Rote Beete/Rote Rüben

Man kann mit dem Saft von Roter Beete oder auch Roter Beete in Pulverform (im Fachhandel erhältlich) den Nudeln einerseits Färbung geben und ihnen andererseits einen leicht erdigen Geschmack verleihen.

Färbung:
Je nach zugesetzter Menge rötlich-braun bis violett

Rotwein

Der tiefrote Zweigelt, ein Chianti oder ähnlich dunkle, intensive Rotweine eignen sich am besten. Man rechnet mindestens 250–300 ml auf 1 kg Grieß (oder Mehl); Eier können hinzugegeben werden, ist aber unüblich.

Die getrockneten Rotwein-Nudeln verlieren mit der Zeit an Farbe, auch das Kochen lässt sie erblassen. Daher gibt man (wenn der Wein bekannt ist) dem Kochwasser den gleichen Wein bei, der auch in den Nudeln ist; bei frischen Nudeln ist das nicht nötig.

Färbung:
Eine schöne rötliche Färbung

Getrocknete Rotwein-Nudeln (aus Hartweizen, ohne Ei hergestellt)

Safran

Safranfäden in 250 ml lauwarmem Wasser auflösen und etwa 45–60 Minuten ziehen lassen. Mit diesem Wasser versetzt man 1 kg Hartweizengrieß (oder Mehl), der Rest des Teiges besteht aus Wasser und/oder Ei nach Rezept. Man kann auch mit Safranpulver arbeiten, das nicht in Wasser eingeweicht werden muss. Mit Safran färbt man vor allem Hartweizengrieß-Pasta ohne und mit Ei und frische Eierteigwaren, vor allem Bandnudeln.

Färbung:
Intensives Gelb, dazu rote Fäden

Schnittlauch, frisch

Schnittlauch wird fein gehackt dem fertigen Teig untergemischt. Macht man ausschließlich bei frischen Bandnudeln.

Färbung:
Hellgrün mit dunkelgrünen Flecken

Getrocknete grüne Bandnudeln (mit Spinat gefärbt)

Spinat, frisch

Färbung:
Schönes Grün

Der gut gereinigte und verlesene Spinat wird feinst zerkleinert (am besten gecuttert) dem Nudelteig beigegeben. Man rechnet 50 g Spinat auf 1 kg Teig.

Steinpilze

Färbung:
Je nach zugesetzter Pulvermenge hellbraun, bräunlich oder gar braun

Steinpilze werden – aufgrund der besseren Haltbarkeit – generell in Pulverform dem Nudelteig zugegeben. Sie verleihen (je nach Qualität des verwendeten Produkts) der Nudel nicht nur Farbe, sondern auch ein leicht pilziges Aroma.

Tintenfisch-Tinte

Färbung:
Intensiv schwarz

Sepianudeln werden aus Hartweizengrieß oder Eierteig zubereitet und gelten als Spezialität der venezianischen Küche. Man färbt den Teig einfach mit der frischen Tinte (wenn man frische Sepia zur Hand hat) oder mit der Sepia-Tintenpaste, die in guten Fischgeschäften erhältlich ist. Die Nudeln erhalten nicht nur eine tiefe Färbung, sondern auch einen tollen Geschmack nach Fisch und Meer!

Tomatenmark

Färbung:
Schönes Rot

Nudeln, welche man mit Tomatenmark versetzt hat, haben eine wunderschöne leuchtend rote Färbung, vor allem, wenn es sich um frische Eierteigwaren handelt. Man rechnet 2 große Esslöffel auf 1 kg Teig.

Frische Tagliatelle mit Seppia-Tinte gefärbt

Trüffel

Um mit Trüffeln die Nudeln zu färben, müsste man Unmengen an Geld investieren; Industrieware arbeitet daher fast ausschließlich mit synthetisch hergestelltem Trüffelöl, Trüffelpasten und ähnlichen Zusätzen. Aber mit Trüffeln (schwarzen wie weißen) lassen sich Nudelteige aromatisieren oder (bei schwarzen Trüffeln) mit schwarzen Punkten kreativ gestalten. Ich persönlich mache das nicht, sondern reibe mir lieber frische Trüffeln über die fertigen Teigwaren.

Färbung:
Bei weißen Trüffeln gar keine, bei schwarzen Trüffeln kleine schwarze Punkte

Zitronensaft

Mit Zitronensaft aromatisierte Nudeln schmecken sensationell gut mit Fischsaucen! Man gibt 125 ml frisch gepressten Zitronensaft auf 1 kg Hartweizengrieß (Restfeuchte Wasser).

Färbung:
Keine

Zimt

Man gibt 40–50 g Zimt dem Nudelteig bei und erhält so duftende Nudeln, mit denen sich vor allem Süßspeisen zubereiten lassen. Besonders gut schmecken sie mit Vanillesauce.

Färbung:
Hellbraun

Haltbarmachen durch Trocknung

Lagern im Kühlschrank

Haltbarmachen durch Tieffrieren

Konversieren im Vakuum

Konservieren im Schutzgas

Das Haltbarmachen von Nudeln und Teigwaren

Es waren die Araber, welche auf die grandiose Idee kamen, Nudeln durch Trocknen haltbar zu machen, um sie als leichten und nahrhaften Proviant auf längere Reisen mitnehmen zu können. Bald stellte sich heraus, dass das ursprünglich als Proviant gedachte Lebensmittel sich auch in anderen Gegenden großer Beliebtheit erfreute. Die geschäftstüchtigen Araber erkannten schnell das wirtschaftliche Potential des getrockneten Teiges und machten aus dem Proviant eine lukrative Geschäftsidee.

Die Vorteile dieses einfachen Lebensmittels liegen auf der Hand:

1. Getrocknete Nudeln sind nahezu unbegrenzt haltbar
2. Sie überstehen auch lange Transportwege, ohne zu verderben
3. Nudeln sind ein nahrhaftes Nahrungsmittel
4. Aufgrund ihres neutralen Geschmacks lassen sich Teigwaren mit nahezu allen anderen Lebensmitteln kombinieren
5. Nudeln sind ein guter Energielieferant
6. Spaghetti und andere ohne Ei zubereitete Teigwaren sind eines der preiswertesten Lebensmittel auf der Welt und damit ein echtes Produkt der „cucina povera“ – der Arme-Leute-Küche.

Durch moderne Techniken, Industrialisierung und Urbanisierung wurde das Konservieren von Lebensmitteln noch wichtiger, fast scheint es so, dass der moderne Mensch sich mittlerweile hauptsächlich von konservierter Nahrung ernährt. Um den verschiedenen Anforderungen und Bedürfnissen der Konservierung gerecht zu werden, wurden Techniken wie Kühlen, Tieffrieren und das Verpacken unter Schutzgas entwickelt. Mit diesen können nun auch frische Teigwaren konserviert werden, die sich nicht so einfach „trocknen“ lassen.

Durch Kühlen, Tieffrieren und Verpacken unter Schutzgas können auch frische Teigwaren konserviert werden.

Ein kurzer Überblick über die Haltbarkeit:

Art der Konservierung	Technik	Haltbarkeit
Trocknung (Teigwaren ohne Ei)	Wasserentzug	Nahezu unbegrenzt
Trocknung (Teigware mit Ei)	Wasserentzug	Etwa 1 Jahr
Kühlschrank	Temperaturabsenkung auf 4 °C	1–2 Tage
Kühlraum	Temperaturabsenkung auf 2–4 °C	2 Tage
Tieffrieren	Temperaturabsenkung auf –18 °C	6 Monate
Vakuum, gekühlt	Entzug der Luft	mindestens 2 Wochen
Schutzgas, gekühlt	Austausch der Luft gegen Gas	4 Wochen

Es ist zu beachten, dass nicht alle Konservierungstechniken für alle Nudeln oder Teigwaren anwendbar sind. Die richtige Auswahl der Konservierung ist mitentscheidend für die Haltbarkeit.

Hinweis

Einschränkungen gibt es bei Vollkornteigwaren und Nudeln mit Zutaten, die Fett beinhalten; diese können nämlich trotz Haltbarmachung und Verpackung ranzig werden, wenn Temperatur und Licht die Haltbarkeit beeinflussen.

Haltbarmachen durch Trocknung

Trocknen ist nicht gleich Trocknen, es gibt da viele unterschiedliche Techniken und Möglichkeiten – dessen muss man sich bewusst sein. Was aber in jedem Fall zu beachten ist, ist das Gesetz: Sowohl in Österreich als auch in Deutschland darf für die Haltbarkeit getrockneter Nudeln der Wassergehalt von 13 % nicht überschritten werden. Viele Hersteller verzichten deshalb auf die Zugabe von Salz im Teig, weil dieses Feuchtig-

Nach dem Gesetz darf der Wassergehalt von getrockneten Nudeln 13 % nicht überschreiten.

keit anzieht und damit die gesetzlich festgelegte Obergrenze überschritten werden könnte.

Um eine einwandfreie Trocknung der frischen Teigware zu erreichen, müssen mehrere Parameter berücksichtigt werden. Prinzipiell gilt, dass die Feuchtigkeit auch vom Kern der Nudel an die Oberfläche diffundieren muss. Aber Feuchtigkeit kann von den Nudeln nur abgegeben werden, wenn in der angrenzenden Umgebung eine (wesentlich) geringere relative Luftfeuchtigkeit herrscht als an der Nudeloberfläche. Je höher die Differenz, desto rascher erfolgt die Wasserabgabe.

Und jetzt kommen wir zum Hauptproblem – der Zeit!

Einerseits ist es wichtig, dass die Nudeln eher langsam an der Luft trocknen sollten, zwei Tage sollten es da schon sein. Dafür ist aber das außen herrschende Klima ganz besonders entscheidend. Dies ist in unseren Breiten (außer vielleicht im Sommer) kaum gegeben, in vielen Gebieten Italiens hingegen findet man dafür ideale klimatische Bedingungen. Liegen die Frischnudeln aber mehr als zwei Tage lang bei zu hoher relativer Luftfeuchte (85 %) im Raum, dann werden sie sauer oder verschimmeln – vor allem, wenn sie mit Ei und Aromastoffen hergestellt wurden.

Liegen die Nudeln mehr als zwei Tage bei zu hoher Luftfeuchtigkeit zum Trocknen im Raum, werden sie sauer oder verschimmeln.

Die Lufttrocknung erfolgt rascher, wenn eine Temperatur im Bereich von 20–30 °C herrscht. Sie darf aber auf Dauer auch wieder nicht zu hoch sein, da es sonst durch eine zu rasche oberflächliche Abtrocknung zu einer schlechten Austrocknung des Nudelkerns kommen und auch die Oberflächenbeschaffenheit und Konsistenz der Teigware insgesamt darunter leiden kann. Deshalb haben einige italienische Pasta-Hersteller ein spezielles Verfahren entwickelt, indem sie die Nudeln in der Wärme des Tages gut trocknen lassen, die Teigwaren aber dann auch der „Kälte" der Nacht aussetzen, um ein zu schnelles Abtrocknen zu verhindern. Das ist natürlich eine spezielle Wissenschaft für sich und hängt ganz stark von den regionalen Bedingungen ab.

Will man seine Nudeln auf diese Art trocknen, so muss man sich über die örtlichen klimatischen Bedingungen im Klaren sein, viel herumprobieren und ständig den Trocknungsprozess kontrollierend verfolgen.

Für eine zügige und gute Abtrocknung muss eine ständige Luftbewegung gegeben sein.

Für eine zügige und gute Abtrocknung muss zudem ständig Luftbewegung im Raum sein und auch die Abfuhr der feuchten Luft aus dem Raum gilt als Grundvoraussetzung. Daher eignen sich z. B. Dachböden ganz besonders gut für das Trocknen der Nudeln. Wird die Luftbewegung künstlich mit einem Standventilator erzeugt, dann richten Sie diesen in nächster Nähe, niemals direkt bei den Nudeln, aus, weil sonst die

Gefahr einer zu schnellen partiellen Oberflächenabtrocknung und einer damit verbundenen Rissbildung stark zunehmen würde.

Wichtig

Egal welchen Trocknungsvorgang man auswählt, er sollte immer ermöglichen, dass die Feuchtigkeit vom Kern der Nudel nach außen dringen kann, damit die Teigware gleichmäßig abtrocknet.

Es sind dabei folgende Kriterien besonders zu beachten

1. Raumtemperatur
2. Luftbewegung
3. Relative Luftfeuchte im Trocknungsraum
4. Abfuhr der feuchten Luft
5. Die Nudeln sollten möglichst nicht verkleben, lange Nudeln sollte man hängen, kurze lose auf Horden oder Bretter streuen.
6. Nudelnester trocknen langsamer ab und sind nur bei Eierteigwaren wie Tagliatelle von Vorteil.
7. Arbeitet man mit Horden, so sollten diese möglichst gleichmäßig beschickt sein, deshalb sollte man die Horden vor dem Trocknen der Nudeln abwiegen.

Der Trocknungsprozess und die Trocknung sollten immer überprüft werden. Ein fertig getrocknetes Produkt kann mit einem speziellen Messgerät auf seine Feuchtigkeit überprüft werden. Aber es geht auch einfacher: man nimmt eine Teigware und bricht sie einfach durch. Wenn das Brechen knackend, rasch und mit einer geraden Bruchfläche erfolgt, so ist die Teigware perfekt abgetrocknet.

Den Trocknungsprozess und die Trocknung laufend überprüfen.

Wirkt das Abbiegen dagegen zäh, so ist die Nudel noch nicht durch und durch trocken. Optisch kann das auch überprüft werden, indem der Querschnitt der Bruchstelle im Kern eine dunkle Farbe aufweist. Nur wenn eine durchgehende einheitliche Farbe ersichtlich ist, konnte die Feuchte aus dem Inneren durch Diffusion an die Oberfläche gelangen und abgegeben werden.

Als Hilfsmittel bieten sich ein Thermometer und ein Hygrometer an, um die Vorgänge im Trockenraum zu kontrollieren.

Als Hilfsmittel bieten sich ein Thermometer und ein Hygrometer an.

Im Folgenden sind nun die unterschiedlichen Trocknungsverfahren beschrieben. Jeder Koch, Produzent, Hersteller oder Betrieb muss dabei seine eigenen Erfahrungen sammeln, denn die örtlichen Gegebenheiten üben einen großen Einfluss auf den Trocknungserfolg aus. So müssen die

Unterschiede der Jahreszeiten (Sommer – Winter), Regen oder Sonnenschein, Süd- oder Nordseite, verputzte Wände oder Paneele, Keller oder Obergeschoß, Raum mit Fenstern oder Dachboden für den Trocknungsraum an Ort und Stelle ausgelotet und getestet werden, um die individuelle Lösung für optimales Trocknen zu finden. Alle vorgestellten Varianten stammen aus der Praxis (von kleinbäuerlichen Betrieben bis hin zu High-Tech-Anlagen) und funktionieren bei entsprechend sachgemäßer Umsetzung:

Variante 1

Bei hoher äußerer Luftfeuchtigkeit die Fenster schließen und mittels eines Ventilators für Luftbewegung sorgen.

Die Nudeln werden innerhalb von 3–4 Tagen an der Luft getrocknet. Im Winter sorgt eine Heizung für die entsprechende Raumtemperatur. Damit die Feuchtigkeit aus dem Raum entweichen kann, öffnet man die Fenster. Alternativ trocknet man die Teigwaren am zugigen Dachboden. Ist die Luftfeuchitgkeit draußen zu groß, werden die Fenster geschlossen und ein Ventilator sorgt für Luftbewegung.

Zur einwandfreien Trocknung hängen die langen Nudeln auf Stangen, kurze Nudeln liegen nicht zu eng aneinander auf Horden. Damit kleine Nudeln, wie beispielsweise Hörnchen, nicht zu schnell abtrocknen, werden sie zwischendurch mit einem Zerstäuber befeuchtet (Vorsicht: die Schimmelgefahr steigt bei zuviel Feuchtigkeit!). Die Nudeln werden während des Trocknungsvorgangs ein Mal aufgelockert.

Diese Art der Trocknung erfordert viel Erfahrung und Einfühlungsvermögen in die Welt der Teigwaren! Viele Faktoren können diese Art der Produktion sogar verhindern, so z. B. altes Gemäuer, weil in ihm vor allem im Sommer die relative Luftfeuchtigkeit zu hoch ist.

Variante 2

Alle Teigwaren werden nach Sorten getrennt in Horden geschichtet, aber jeweils nicht mehr als eine Lage Nudeln. Dann schiebt man die Horden so in einen Hordenwagen, dass die empfindlichen Nudeln (wie z. B. Hörnchen) ganz oben sind und die weniger empfindlichen (z. B. breite Bandnudeln) ganz unten.

Vorzugsweise soll der Trocknungsraum südseitig liegen

Wichtig ist, dass man nun einen Raum zur Verfügung hat, der über einen Lüftungsschacht verfügt. Vorzugsweise sollte dieser Trocknungsraum an der Südseite gelegen sein; im Winter muss ohnehin geheizt werden, im Sommer steht ein Fenster offen (aber nur, wenn es nicht regnet oder die Luftfeuchtigkeit draußen zu groß ist). Man stellt den Hordenwagen in diesen Raum und lässt die Tür offen stehen, um für ausreichend Durchzug zu sorgen.

Die Nudeln trocknen so in 5–6 Tagen ab, wobei sie am Herstellungstag mindestens dreimal aufgelockert werden, in den Nachfolgetagen jeweils einmal – das sorgt für ein gleichmäßiges Abtrocknen der Nudeln.

Variante 3

Die gleichmäßig auf Horden (aus Metall) verteilten Nudeln werden in einem vorgewärmten Brotbackofen (vorzugsweise elektrisch) bei rund 60 °C 10–15 Minuten vorgetrocknet. In dieser Zeit werden die Teigwaren zwei Mal hochgehoben und gewendet, um die Vortrocknung auch den unten liegenden Nudeln der Horde zu ermöglichen. Bei dieser Tätigkeit spürt man den Unterschied der bereits angetrockneten und der noch feuchten Nudeln sehr deutlich.

Der Brotbackofen darf wirklich nur zur Vortrocknung verwendet werden, damit die Teigwaren durch zu raschen oberflächlichen Wasserentzug nicht spröde und rissig werden.

Anschließend werden die Horden im Hordenwagen gestapelt und 1–2 Tage bei gutem Luftzug im Raum stehen gelassen. Diese Technik ist vor allem im asiatischen Raum beliebt, um Eierteigwaren zu trocknen. Zur Spaghetti-Herstellung werden die ca. 30 cm langen Nudeln über einen Metallstab gelegt. Die abschließende Trocknung erfolgt bei zugiger Luft in etwa 2 Tagen.

Variante 4

Damit die Nudeln am Beginn der Trocknung nicht zu schnell an Feuchtigkeit verlieren, werden Spaghetti und Bandnudeln zu Nestern gedreht und liegen somit dicht beisammen. Sie kommen zuerst zwei Tage in den Kühlraum und trocknen weitere 3 Tage bei entsprechender Raumtemperatur und Luftbewegung ab.

Variante 5

Hier handelt es sich um eine sehr aufwändige Methode der Trocknung, denn diese dauert 5–7 Tage. In den ersten drei Tagen unterstützt ein Entfeuchtungsgerät bei geschlossenem Raum den Trockenvorgang. Die restliche Trocknung erfolgt bei offenem Fenster vorzugsweise in einem Raum mit Lüftungsschacht; ein Standventilator schafft Abhilfe bei zu geringer Luftbewegung. Die Nudeln liegen locker auf der Horde, für Spaghetti wird keine Ausnahme gemacht – sie werden in U-Form auf der Horde aufgelegt und nach dem Trocknen auch so verpackt.

Bei diesem Verfahren unterstützt am Anfang ein Entfeuchtungsgerät die Trocknung.

Variante 6

Diese Methode bietet sich vor allem für kleinere Produktionen an, welche Herstellungsraum und Trocknungsraum in einem haben. Nach der Produktion der gesamten Nudelmenge an einem Vormittag steigt die relative Luftfeuchtigkeit im Raum auf bis zu 80 % an. Durch Einsatz eines (normal leistungsfähigen) Luftentfeuchters fällt sie (bei geschlossenem Fenster) binnen 24 Stunden auf 55–65 % herab. Nach etwa drei Tagen, wenn die relative Luftfeuchtigkeit konstant auf 45 % bleibt, sind die Nudeln fertig getrocknet. Für eine bessere Luftumwälzung kann nebenbei auch noch ein Ventilator laufen und die Raumtemperatur wird (vor allem im Winter) mittels Heizung auf 23 °C gehalten.

Die nötige Raumtemperatur von 23 ° wird vor allem im Winter durch eine Heizung gehalten.

Hinweis

Mit einem sehr leistungsfähigen Luftentfeuchter, der mit einer Funktion zum Messen der relativen Luftfeuchtigkeit gesteuert wird, kann die Trocknungszeit verkürzt werden. Es muss aber beachtet werden, dass die Nudeln genügend Zeit haben, dass auch das Wasser vom Kern nach außen abtrocknen kann, um ein durchgehend trockenes Produkt zu erzielen.

Variante 7

Das Abtrocknen der Teigwaren in einem Trocknungsschrank läuft prinzipiell vollautomatisch ab; insbesondere der fahrbare Trocknungsschrank ist dabei auch noch eine recht platzsparende Methode der Trocknung, und die kurze Trocknungszeit gewährt ebenfalls ein optimales Endprodukt.

Für das Steuerungssystem ist dazu ein Feuchtigskeitsfühler notwendig, der in der obersten Horde zur Messung mit Nudeln bedeckt wird.

Zunächst werden die Teigwaren relativ schnell getrocknet, dann wieder leicht befeuchtet und schließlich langsam getrocknet. Je nach Nudelform dauert der Trockenvorgang etwa 24 Stunden (für Spiralen, Farfalle, Bandnudeln, Suppennudeln etc.) bis 36 Stunden (für hohle Nudeln, wie beispielsweise Hörnchen, Rigatoni etc.).

Hinweis

Weil die Horden in einem derartigen Schrank meist sehr dicht gestapelt sind, muss bei der Beschickung des Trockenschranks darauf geachtet werden, dass die Nudeln nicht länger als 4 Stunden ohne Belüftung stehen. Es empfiehlt sich daher, bereits während der Beschickung mit frisch gefertigten Nudeln zeitweise den Ventilator einzuschalten, damit die Nudeln nicht zusammenkleben.

Vollautomatische Trockenschränke ermöglichen zwar eine gute Qualität, lassen aber wenig Spielraum für Varianten, weil sie nur mit vorprogrammierten Einheitsprogrammen ablaufen.

Lagern im Kühlschrank

Von Konservieren oder gar Haltbarmachen kann im Kühlschrank keine Rede sein. Frische Nudeln und Teigwaren sind im Kühlschrank oder Kühlraum nämlich nur 1–2 Tage haltbar, länger nicht. Interessant ist diese Variante daher wohl nur für Haushalte, Restaurantküchen und Direktvermarkter, welche am Markt tagefrisch erzeugte Nudeln verkaufen wollen oder diese an Lokale liefern. Gerade in Restaurantküchen haben die frischen Nudeln den großen Vorteil, in nur wenigen Minuten fertig gekocht zu sein. Allerdings ermöglicht die frische Ware eine genaue und einfache Portionierung.

Frische Teigwaren sind im Kühlschrank nur 1–2 Tage haltbar.

Haltbarmachen durch Tieffrieren

Diese Art der Konservierung eignet sich besonders gut für Eierteigwaren, insbesondere Spätzle und Nockerln. Während Tagliatelle und andere Bandnudeln im Rohzustand eingefroren werden, müssen Spätzle und Co. vorher gekocht und kalt abgeschreckt werden.

Durch die niedrige Temperatur ist eine Haltbarkeit von 6 Monaten kein Problem. Die frischen Nudeln (auch die vorgekochten) gehören vor dem Einfrieren unbedingt portioniert, damit man immer nur die Menge auftauen kann, die wirklich benötigt wird.

Durch Tieffrieren ist eine Haltbarkeit von bis zu 6 Monaten kein Problem.

Konservieren im Vakuum

Frische Nudeln im Vakkuum zu konservieren, hat seine Vorteile. Man kann die frischen Spätzle, Schupfnudeln u.ä. Teigwaren in durchsichtige Folie verpacken, wodurch man sie appetitlich dem Käufer präsentieren kann. Gleichzeitig ist die Ware bei entsprechender Kühlung zwei bis drei, mitunter sogar vier Wochen haltbar. Zudem kann man die Nudeln sehr gut portionieren.

Und das Wichtigste: Im Vakuum konserviert, hält sich auch der Geschmack der frischen Nudeln am besten!

Nachteil

Das Absaugen der Luft drückt die Nudeln stark zusammen und kann sie daher beschädigen.

Konservieren im Schutzgas

Die Kombination aus dem Abpacken in einer Atmosphäre aus Schutzgas bei gleichzeitiger Kühlung ermöglicht das Aufbewahren von frischen Nudeln und Teigwaren bis zu 4 Wochen. Hierfür werden die Nudeln abgewogen in eine Kunststofftasse gelegt und anschließend mit einer Folie verschlossen (eingeschweißt). Vor dem luftdichten Verschließen wird die Luft im Inneren abgesogen und durch Schutzgas ersetzt. Dieses Schutzgas besteht aus Kohlendioxid, welches die Vermehrung von Keimen verhindert, und Stickstoff. Da beide Komponenten auch in der Luft vorkommen, ist dies eine sehr natürliche Art der Konservierung, weil lediglich das Verhältnis und die Konzentration gewisser Gase getauscht werden.

Schutzgas besteht aus Kohlendioxid.

Da hier – im Gegensatz zum Vakuumieren – die Luft nicht einfach abgesaugt, sondern durch einen kontinuierlichen Austausch mit anderen Gasen ersetzt wird, drückt das Verfahren die Nudeln nicht zusammen. Somit können sie als Frischnudeln tatsächlich unproblematisch weiterverarbeitet werden.

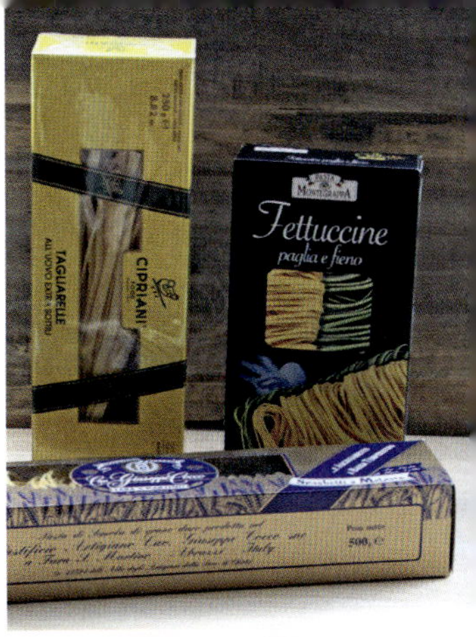

Verpacken, Lagern und Distribution

Verpackung

Lagerung

Etikettierung

Preisgestaltung

Vermarktung

Dieses Kapitel richtet sich speziell an die Direktvermarkter, welche ihre hausgemachten frischen Nudeln ja zumeist auch verkaufen wollen.

Verpackung

In unserer modernen Gesellschaft kommt der Verpackung von Lebensmitteln eine ganz besondere Bedeutung zu. Sie dient nicht mehr allein dazu, das Lebensmittel in bereits abgewogenen Mengen zu verkaufen und vor Umwelteinflüssen zu schützen. Eine ansprechende Verpackung verfolgt vor allem den Zweck, die Kauflust beim Konsumenten zu steigern. Insbesondere bei Nudeln macht das Sinn, weil mit den verschiedenen Formen und Farben bewusst das Auge des Käufers angesprochen wird.

Bei losen frischen Nudeln erübrigt sich meist die Verpackung, weil die Teigwaren in losen Gebinden in der Kühlung liegen und erst nach Bestellung durch den Kunden abgewogen und verpackt werden. Sind die Nudeln vakuumiert, ist meist das Etikett die wichtigste „Zierde" der Verpackung, der Rest ohnehin ein durchsichtiger Plastikbeutel. Für das Vakuumieren wie auch für das Beheften der Etiketten sind zwei Arbeitsschritte und Maschinen notwendig.

Man kann die Nudeln natürlich auch in Kunststofftassen abfüllen, die mit einer Folie verschlossen und vorher mit Schutzgas gefüllt werden.

Für diesen Arbeitsschritt ist aber eine eigene (recht teure) Maschine notwendig.

Bei Vakuum- und Schutzgasverpackung bleibt der Geschmack am besten erhalten.

Der ganz große Vorteil von Vakuum- und Schutzgas-Verpackungen ist aber, dass man Nudeln anbieten kann, die tatsächlich (fast) wie frisch schmecken und trotzdem über eine gewisse Haltbarkeit verfügen.

Auch tiefgekühlte Ware sollte möglichst ansprechend verpackt sein und sich obendrein in abgewogenen, brauchbaren Gebinden befinden. Es macht wenig Sinn, wenn der Konsument 1 kg Ware auftauen muss, wenn er nur eine Portion essen möchte. Kasnudeln oder große Ravioli könnten beispielsweise einzeln tiefgefroren (schockgefroren) und erst anschließend verpackt werden. So kann man sie später einzeln auch aus größeren Verpackungseinheiten entnehmen. Für Nudeln oder Spätzle bieten sich Gebinde von 300–600 g an; man rechnet 80–100 g Nudeln/Person als Beilage, 100–150 g für ein eigenständiges Nudelgericht.

Getrocknete Nudeln werden zumeist in Polypropylen-Beuteln oder Pappschachteln verpackt. Polypropylen-Verpackungen sind transparent, leicht verschließbar und – wenn das entsprechende Gerät zur Hand ist – sogar verschweißbar. Zumeist werden sie aber mit Bast, Clips oder Klebeband verschlossen. Diese Verpackung ist recht preisgünstig, bedarf aber aufwändiger Handarbeit. Als Alternative bieten sich Kreuzbodensäcke an, deren Außensack aus Papier besteht, welcher innen aber mit einer transparenten Kunststoffschicht ausgekleidet ist. Manche haben sogar ein Sichtfenster, durch welche die Teigware zu erkennen ist. Diese Verpackung ist ein wenig teurer als der Polypropylen-Beutel, bietet aber

Beispiele für eher elegante und ...

einen sehr guten Lichtschutz und der Außensack mehr Möglichkeiten zur individuellen Gestaltung. Vor allem italienische Edelerzeuger bevorzugen diese Verpackung. Noch besseren Lichtschutz bietet die Pappschachtel, welche zudem sehr schön gestaltet werden kann.

Es war bereits jetzt mehrfach vom Lichtschutz die Rede – mit gutem Grund. Für den Verkauf der Nudeln ist nämlich etwas von großer Bedeutung: das Licht. Die Nudeln müssen im Verkaufsladen präsentiert werden und dazu ist ausreichend Licht notwendig. Licht bleicht aber gerade gefärbte Nudeln mit der Zeit aus, nicht nur Sonnenlicht, sondern auch künstliches Licht. Grün gefärbte Nudeln (beispielsweise mit Basilikum oder Spinat) verfärben sich durch Licht ins Grau-Braune, was sie weit weniger ansehnlich macht. Außerdem bewirkt der Lichteinfluss eine Geschmacksänderung. Diese beiden Punkte sind für den Verkauf von Bedeutung und müssen bereits bei der Verpackung beachtet werden.

Licht bleicht vor allem gefärbte Nudeln aus.

Hinweis

Ich persönlich empfehle für Frischware die Tasse mit Schutzgas. Für ungefärbte getrocknete Nudeln aus Hartweizengrieß kann man unbesorgt einen Polypropylen-Beutel oder Ähnliches nehmen. Aromatisierte und/oder gefärbte Nudeln gibt man am besten in einen Kreuzbodensack, dessen Außensack aus Papier besteht, oder in eine Pappschachtel. Damit ist man auf der „sicheren" Seite.

... eher rustikale Verpackungen

Lagerung

Verpackte Nudeln dienen üblicherweise der Vorratshaltung oder dazu, den Angebotszeitraum im Handel zu verlängern. Doch hier sind einige wichtige Faktoren zu beachten, damit die Ware die Qualität hält und auch, damit sie nicht verdirbt.

Frischnudeln

Frischnudeln sollten, sofern sie nicht verpackt sind, ausschließlich im Kühlschrank oder Kühlhaus gelagert werden. Sind die Frischnudeln vakuumiert oder unter Schutzgas, erhöht sich zwar ihre Haltbarkeit, dennoch müssen sie ebenfalls kühl gelagert werden. Wichtig: in beiden Fällen sollte (darf) die Kühlkette nicht unterbrochen werden.

Spätzle, Nockerln und Co. sind nur im vorgekochten Zustand einzufrieren.

Am besten haltbar sind tiefgekühlte Nudeln, wobei Sorten wie Spätzle, Nockerln & Co. im vorgekochten Zustand einzufrieren sind. Die Temperatur soll bei minus 18 Grad und darunter liegen. Damit sind sie mindestens 6 Monate lagerfähig. Zu beachten ist nur, dass die Nudeln bereits portioniert ins Gefrierfach kommen sollten, damit später auch nur der Teil aufgetaut werden muss, welcher wirklich auch gegessen wird. Tiefgekühlte Ware sollte nicht aufgetaut und wieder eingefroren werden.

Getrocknete Nudeln

Getrocknete Nudeln sollten bei der Verpackung eine Luftfeuchtigkeit von 13 % und weniger aufweisen. Damit haben Mikroorganismen nicht die Möglichkeit, sich auf dem Erzeugnis zu vermehren, weil kein Wasser verfügbar ist.

Befinden sich die Nudeln einmal in ihrer Verpackung, ist trotzdem Vorsicht geboten, weil es durch starke Temperaturschwankungen an der Verpackungsinnenseite zur Kondenswasserbildung kommen kann, wodurch die notwendige Feuchte für das Wachstum von Keimen wieder gegeben ist.

Die Schwankungen müssen dafür zwar sehr groß sein, dennoch sind sie theoretisch möglich.

Nudeln nicht über dem brodelnden Kochwasser aus der Verpackung in den Kochtopf portionieren.

Aus diesem Grund ist es auch nicht empfehlenswert, die Nudeln über dem brodelnden Kochwasser von der Verpackung auch in den Kochtopf zu portionieren, wenn nicht gleich die ganze Packung verbraucht wird. Der vom Kochwasser aufsteigende Wasserdampf setzt sich nämlich an der Innenseite der Packung fest und sorgt für Feuchtigkeit, in der sich Keime bilden könnten.

Über die Auswirkungen des Lichtes ist schon berichtet worden. Doch nicht nur das Licht hat unerwünschte Nebeneffekte auf die Nudeln, im Sommer muss auch die Lagertemperatur beachtet werden, denn Motten richten erhebliche Schäden, vor allem bei Getreide und Getreideprodukten, an, wenn die Entwicklungsbedingungen günstig sind. Sie legen ihre Eier nämlich in der Nähe geeigneter Brutstätten ab und die kaum sichtbaren Eilarven dringen durch die kleinsten Spalten und Ritzen in die Verpackung ein. Die Nudeln beginnen dann regelrecht zu „leben", wie der Volksmund so schön sagt. Larve und Raupe verunreinigen durch ihre Gespinste (fadenförmige Gewebe) und Kotpartikel das Lebensmittel. Das Problem: ihre Entwicklung ist bereits ab 15 °C möglich und geht umso rascher, je höher Temperatur und Luftfeuchtigkeit sind.

Die hohen Temperaturen der Sommermonate haben auch ihren negativen Einfluss auf die Lagerung von Vollkornprodukten. Im vollen Korn sind nämlich auch Fette vom Keimling mitverarbeitet, die bei höheren Temperaturen leicht ranzig werden können. Um die Haltbarkeit auf dem Etikett zu garantieren, empfiehlt es sich, diese mit eigenen Versuchen herauszufinden oder ein entsprechendes Labor für entsprechende Untersuchungen heranzuziehen. Vor allem Produkte wie Vollkornteigwaren, Kürbiskernnudeln oder Mohnnudeln haben eine beschränkte Haltbarkeit, weil Fette zugefügt werden – hier gelten 2 bis 6 Monate als Richtwert.

Bei hohen Temperaturen besteht die Gefahr des Ranzigwerdens.

Hinweis

Hinweis: Für die Lagerung von getrockneten Teigwaren aller Art gilt die bekannte Allerwelts-Klausel „trocken, kühl und lichtgeschützt" ganz besonders!

Etikettierung

Jedes Lebensmittel, das verpackt ist und in den Handel gelangen soll, muss nach der Lebensmittelkennzeichnungsverordnung etikettiert und beschriftet sein. Als verpackt gilt ein Produkt, wenn der Inhalt ohne Öffnung oder Veränderung der Verpackung nicht vermehrt oder vermindert werden kann. Diese Verordnung ändert sich laufend ein wenig. Daher ist es sinnvoll, sich vor dem Etikettieren zu informieren. Und auch der Handel hat mitunter Sonderwünsche, was auf dem Etikett vermerkt sein soll – auch hier sollte vorher(!) abgesprochen sein, was auf der Verpackung zu stehen hat. Hier einige wichtige Punkte, die jedenfalls zu beachten sind und/oder Sinn machen:

In den Handel gebrachte Lebensmittel müssen nach der Lebensmittelkennzeichnungsverordnung etikettiert sein.

Sachbezeichnung

Dies ist wohl der wichtigste Punkt am Etikett überhaupt, denn die Sachbezeichnung gibt an, um welches Produkt es sich überhaupt handelt. Doch man kann nicht immer irgendwelche Fantasienamen wählen, denn

Österreichische hausgemachte Nudeln mit Fantasienamen

auch hier gibt es Vorschriften und Leitsätze. Generell erfolgt bei Nudeln und Teigwaren die Benennung nach der Art des Teiges (z. B. Roggen-, Vollkorn-, Schokonudeln etc.) oder nach der Form (z. B. Spaghetti, Bandnudeln, Farfalle etc.), zuweilen kann auch beides angegeben sein.

Wichtig ist das Ei im Teig. Laut gängiger Definition handelt es sich bei „Nudeln" um Teigwaren, deren Zutaten aus einem Getreideprodukt, Wasser und Ei bestehen, wobei der Eigehalt eine gewisse Grenze nicht überschreiten darf. Wird diese Grenze aber überschritten, dann muss es richtigerweise Eiernudeln oder Eierteigwaren heißen. Beinhaltet der Teig sehr viel Ei, darf man „wie hausgemacht" oder „mit besonders hohem Eigehalt" schreiben; dafür muss der Teig aber mit mindestens 270 g Eimasse (in Österreich) bzw. 300 g (in Deutschland) pro kg Grieß/Mehl zubereitet worden sein.

Zutaten

In der Zutatenliste werden alle Zutaten in massenmäßig absteigender Reihenfolge angegeben. Sie soll den Konsumenten über die Inhaltsstoffe informieren und muss im deutschsprachigen Raum mit „Zutaten" am Etikett beginnen. Alle Angaben sind in Prozent.

Bei Hauptzutaten (im Fall von Nudeln sicher das Mahlprodukt) ist die Angabe relativ leicht, beispielsweise: Zutaten Hartweizengrieß, Eier (30 %)

Für jene Zutaten, die zur Geschmacks- und Farbgebung und damit zur Aromatisierung verwendet wurden, gilt, dass sie zumindest in der Zutatenliste aufscheinen müssen. Die Abgrenzung, ob es sich bei diesem Inhaltsstoff um eine Aromatisierung oder einen wesentlichen Bestandteil des Endproduktes handelt, ist dagegen schwierig und von Fall zu Fall verschieden. Man geht aber in jedem Fall den sicheren Weg, wenn man Zutat und Prozent am Etikett anführt.

Man geht den sicheren Weg, wenn man alle Zutaten und Prozente am Etikett anführt.

Wichtig

Eine Prozentangabe kann unterbleiben, obwohl eine Zutat in der Sachbezeichnung enthalten ist, wenn es sich lediglich um eine Aromatisierung handelt.

Name und Anschrift des Herstellers müssen auf dem Etikett stehen, um die Rückverfolgbarkeit zu gewährleisten. Der Hersteller ist nämlich für die Genusstauglichkeit, Sicherheit und richtige Kennzeichnung der Ware verantwortlich.

Nettofüllmenge

Jene Nudelmenge, die tatsächlich in die Verpackung gelangt, gilt als die Nettofüllmenge und wird in Gramm oder Kilogramm am Etikett angegeben. Für diese Kennzeichnung ist eine Mindestziffernhöhe vorgeschrieben:

- Bei einer Füllmenge bis 50 g muss die Schriftgröße mindestens 2 mm betragen
- Bei 50 g bis 200 g ist eine Schriftgröße von mindestens 3 mm Vorschrift
- Mehr als 200 g bis 1000 g mindestens 4 mm
- Bei mehr als 1000 g mindestens 6 mm

Losnummer

Für die Rückverfolgbarkeit ist die Los- oder Chargennummer ein wichtiges Instrument. Als eine beliebige Zahlen- und Buchstabenkombination gibt sie bei parallel laufenden Aufzeichnungen genau Auskunft, wann und wo eine Produktionseinheit unter welchen Bedingungen hergestellt wurde. Das ist wichtig z. B. bei Beanstandungen, denn im Falle eines Falles muss nicht die gesamte Ware aus dem Handel genommen werden, sondern nur die Einheiten einer Charge. Die Losnummer wird am Etikett mit einem „L“ gekennzeichnet.

Die Losnummer ist wichtig für den Fall der Beanstandung.

Italienisches Etikett einer Edelmarke

Mindesthaltbarkeitsdatum

Damit wird ein Zeitpunkt fixiert, bis zu dem die Ware ihre spezifische Eigenschaft behält. Der Hersteller garantiert vor Ablauf des Datums die Genusstauglichkeit und Sicherheit der Ware. In der Lebensmittelkennzeichnungsverordnung ist der genau Wortlaut mit „mindestens haltbar bis:“ vorgegeben und muss mit dem entsprechenden Datum ergänzt werden. Reicht die Haltbarkeit von 3 bis 18 Monaten, dann genügt die Angabe von Monat und Jahr mit dem Wortlaut „mindestens haltbar bis Ende:“.

Wie lange das Produkt tatsächlich haltbar ist, muss der Hersteller selber herausfinden…

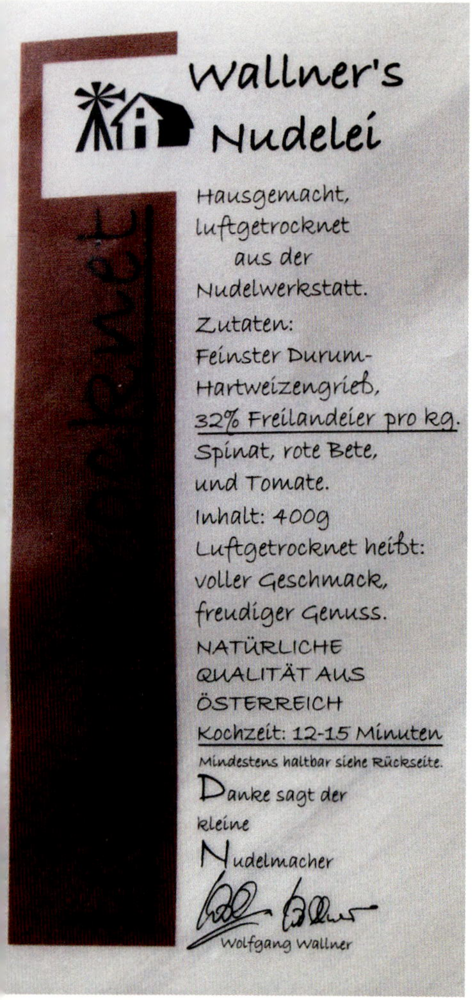

Sehr persönliches Etikett für österreichische Nudeln aus einer hochwertigen Manufaktur

Lagerbedingungen

Sind entsprechende Lagerbedingungen für die Aufrechterhaltung der Genusstauglichkeit notwendig, so müssen diese auch in jedem Fall am Etikett angeführt sein. So ist anzugeben, ob Nudeln gekühlt werden müssen (z .B. bei Frischware) und es ist von Vorteil, auch den Konsumenten darauf hinzuweisen, dass getrocknete Nudeln am besten „kühl, trocken und lichtgeschützt" gelagert werden sollten.

Bei Verpackungen mit Schutzatmosphäre ist zusätzlich der Hinweis „unter Schutzatmosphäre verpackt" als Kennzeichnungselement zwingend.

Empfohlene Kochzeit

Macht Sinn für den Konsumenten. Allerdings sollte man die Angabe eher nieder halten, denn oftmals werden Nudeln nach dem Kochen nicht sofort gegessen, sondern zuerst in einer Sauce geschwenkt oder warm gehalten, bis andere Speisen fertig sind. In der Zwischenzeit können sie nachgaren, was sie zu weich oder gar latschig werden lässt. Eine gute Lösung haben da italienische Pasta-Hersteller gefunden: sie geben zwei Werte an: einen niederen, bei dem die Nudeln sehr bissfest erscheinen, dann aber mitsamt der Sauce aufgetischt tatsächlich „al dente" sind, und einen zweiten Wert, bei dem die Nudeln etwas länger gekocht werden, der sich „normale" nennt.

Durchschnittliche Nährwerte

Die Nährwerttabelle gibt an, wie viel Kalorien bzw. Joule, Proteine, Fette, Kohlenhydrate, Vitamine etc. das jeweilige Produkt beinhaltet.

EAN-Code

Eine EAN-Nummer zu beantragen, lohnt sich nur für größere Handelseinheiten. Dieser Strich-Code wird von einigen Handelsketten, vor allem Großhändlern, verlangt, um die einzelnen Handelswaren leichter und schneller distributieren zu können. Für haushaltsübliche Mengen, Gastronomie oder auch Direktvermarktung lohnt sich der EAN-Code nicht.

Preisgestaltung

Bevor man mit einer größeren Nudelproduktion beginnt, sollte man sich im Klaren darüber sein, welche Zielgruppe man beliefern möchte. Nudeln werden in industrieller Fertigung in so großen Mengen erzeugt, dass die Firmen erstens extrem preisgünstig und zweitens mit sehr vielseitigen Produkten den Markt bedienen können. Mittlerweile ist sogar das Nischenprodukt der Vollkorn-Pasta, der gefärbten Pasta und sogar das der frischen Teigwaren von Großproduzenten abgedeckt worden. Wer in reinen Zahlen denkt, der braucht mit der Nudelproduktion gar nicht zu beginnen, weil Materialkosten und Arbeitszeit einem Vergleich mit der Industrieware niemals standhalten werden.

Wer nur in reinen Zahlen denkt, braucht mit der Nudelproduktion erst gar nicht beginnen.

Warum dann Nudeln selber machen? Nun, erstens macht es Spaß und zweitens kann man die Qualität seiner Teigwaren selbst bestimmen! Das beginnt beim Getreide, geht über das Ei bis hin zu geschmacksgebenden Stoffen. Und das Wichtigste: ich kann ein individuelles Geschmacksbild kreieren und in kleinen Chargen auch Spezialanforderungen (von z. B. Lokalen) erfüllen.

Damit sind wir beim Kern des Themas angelangt: Kleinere Produktionen von Nudeln und Teigwaren lohnen sich nur dann, wenn ich etwas Besonderes auf dem Markt bringen kann, weil nur dies den wesentlich höheren Preis (den ich als Direktvermarkter verlangen muss!) rechtfertigt. Dass die Qualität dabei eine herausragend gute sein muss, sollte selbstverständlich sein.

Hausgemachte Nudeln haben gegenüber der Industrieware aber noch einen anderen Vorteil: es ist erwiesen, dass Pasta & Co bessere Kocheigenschaften zeigen und vor allem viel besser schmecken, wenn sie aus kleineren Betrieben stammen, die sich voll und ganz auf die Qualität konzentrieren können. Das ist auch in Italien so: hier gibt es einige Edel-Hersteller, die sich durchaus nicht scheuen, für 1 kg Spaghetti 14.- Euro (und auch mehr) zu verlangen – und dies aufgrund der einzigartigen Qualität ihrer Ware auch bekommen. Hierbei handelt es sich dann um Firmen, welche zum Teil sogar den Hartweizen selbst anbauen, um dann im jeweiligen Jahr nur das Getreide auswählen zu können, welches für die Produktion der Pasta am geeignetsten erscheint. Das klingt vielleicht übertrieben, wer aber jemals in den Genuss dieser Pasta kam, wird mit (preiswerter) Massenware nicht mehr glücklich werden.

Es ist erwiesen, das Pasta und Co. von kleineren Betrieben bessere Kocheigenschaften zeigen und vor allem besser schmecken.

Neben den genannten Punkten gibt es natürlich auch die echten Kostenfaktoren, welche unbedingt in die Kalkulation mit einbezogen werden müssen. Beispiele sind in der Tabelle auf der nächsten Seite aufgelistet.

Kosten	Beschreibung
Fixkosten	Gebäude, bauliche Maßnahmen, Geräte, Hilfsmittel, Maschinen etc.
Gemeinkosten	Strom, Verpackung, Etiketten, Reinigungsmittel, Fahrtkosten (Kilometerkosten), Heizung etc.
Gemeinkosten Arbeit	Verpacken, Etikettieren, Lieferzeit, Verkauf etc.
Arbeit	Produktion, Reinigung
Materialkosten	Getreide, Eier, Wasser, Gewürze, Aromaten, Farbstoffe etc.

Bei den Fixkosten sind dann noch jährliche Abschreibungen fällig, die mit einberechnet werden müssen, die Abschreibung der Investitionen ist zu beachten und vieles andere mehr. So sind hier z. B. Faktoren wie Personal noch gar nicht berücksichtigt, welche bei größeren Produktionen durchaus anfallen werden. Und wenn ich all das berechnet habe, dann muss auch noch an den „Gewinn" gedacht werden, welchen die Ware ja bringen soll, und an die gesetzliche MwSt., die ebenfalls aufzuschlagen wäre.

Eine qualitativ hochwertige Ware braucht auch eine dementsprechende Verpackung.

Last but not least muss beachtet werden, dass eine qualitativ hochwertige Ware auch eine entsprechend teurere Verpackung braucht und dass man bei ihr mehr Geld in die Vermarktung einkalkulieren sollte. Die Zielgruppe der Genießer, welche bereit ist mehr Geld für gute Qualität auszugeben, muss in der Regel ja erst einmal akquiriert werden – und das kostet Geld.

Wichtig

Es ist hier sicher nicht der richtige Platz für ausführliche Kostenrechnungsbeispiele, doch ich möchte dringend darauf hinweisen, dass dieser Punkt nicht zu unterschätzen ist und dass man sich diesbezüglich gut vorbereitet.
Nicht wenige Betriebe müssen ihre Produktion oft rasch wieder einstellen, weil sie sich schlicht und einfach verkalkuliert haben oder weil sie das „falsche" Produkt erzeugt haben und dieses nicht verkaufen konnten.

Vermarktung

Es ist immer sinnvoll, ein Produkt zu erzeugen, von dem man weiß, dass es seine Käufer schon hat oder sicher finden wird. In diesem Fall wird man für den doch immer etwas unsicheren Faktor „Werbung" nicht all zu viele Geldmittel aufbringen müssen. So lassen sich frischgemachte

Nudeln ohne Probleme auf Wochenmärkten verkaufen, und sicherlich ist auch die Gastronomie ein Abnehmerkreis, an den man denken kann, nur um ein Beispiel zu nennen.

Schwieriger wird die Sache, wenn man wirklich etwas Individuelles, Eigenes und Neues auf den Markt bringen will. In diesem Fall sollte man entweder viel Geld für Werbung und Marketing zur Verfügung haben oder bereits über einen Grundstock an Kunden verfügen, welche bereit sind, das neue Produkt zu erwerben. Es dauert mitunter seine Zeit, bis man einen Kundenstock hat, der die produzierte Ware erwirbt und somit ein „Weitermachen" ermöglicht. Es braucht manchmal einfach auch nur seine Zeit, bis ein Produkt bekannt genug ist.

Der Aufbau eines Kundenstockes beansprucht mitunter eine gewisse Zeit.

Man sollte dabei auch immer bedenken, dass der Angebotszeitraum für Lebensmittel ein beschränkter ist und die Ware irgendwann verdirbt und damit unverkäuflich wird.

Ein Patentrezept für richtige Werbung und sinnvolles Marketing gibt es daher nicht – wenn es das gäbe, würden alle PR- und Werbeagenturen mit einem Schlag unnötig. Es gibt zwar empirisch untersuchte Parameter für alle möglichen Faktoren des Käuferverhaltens, doch die letztgültige Entscheidung fällt immer noch der Kunde selbst. Diese Entscheidung kann höchstens beeinflusst werden – mehr nicht.

Besser ist es da, den Kunden zu überzeugen. Allerbeste Qualität und feinster Geschmack sind hier Voraussetzung, weiter muss man vom dem, was man dem Kunden anbietet, auch selbst voll und ganz überzeugt sein. Drittens sollte man eine gewisse Liebe und Leidenschaft mitbringen, denn man schmeckt es dem fertigen Produkt tatsächlich an, ob es in „liebloser" Massenproduktion oder „liebevoller" Handarbeit hergestellt worden ist.

Man schmeckt am fertigen Produkt, ob es eine „lieblose" Massenware ist, oder in liebevoller Handarbeit hergestellt wurde.

Noch ein kleiner Tipp: Eine hübsche, zum Inhalt passende und adäquate Verpackung, welche die Kauflust weckt und vor allem Appetit auf den Inhalt macht, ist eine wichtige Voraussetzung für erfolgreichen Verkauf. Außerdem kann man mit der Gestaltung der Verpackung viele Informationen rüberbringen, so z. B.: ob es sich um ein „elegantes" oder „rustikales" Produkt handelt.

Merke

Ein herausragend gutes Produkt, dessen Preis wirklich gerechtfertigt ist, wird sich immer verkaufen lassen. Der geschulte und sachkundige Konsument will eigentlich (berechtigter Weise) nur die Gewissheit haben, dass das, was er da kauft, auch sein Geld wert ist!

Teigwaren in der Küche

Wie man Pasta/Teig-waren richtig kocht!

Die richtige Sauce für jede Pasta!

Hier kommen wir zum wichtigsten Kapitel überhaupt, denn was den armen Teigwaren auch heute noch an tausendfachen Grausamkeiten angetan wird, muss endlich einmal aus der Welt geschafft werden.

Vor allem das „Viel-zu-weich"-Kochen von Pasta, Nudeln und Teigwaren ist eine weit verbreitete Kochsünde, die sich aber aus irgendwelchen Gründen immer noch hartnäckig hält.

Und hier ist vor allem die verantwortungslose Gastronomie daran schuld, welche immer noch nicht gelernt zu haben scheint, wie man Pasta richtig kocht.

Aber es gibt – wenn auch nur vereinzelt – Köche, die das Handwerk verstehen, die notwendige Liebe zum Beruf mitbringen und ihre Lebensmittel sachgemäß zubereiten. All denen gebührt Dank und Lob für tolle kulinarische Erlebnisse.

Merke

Zu weiche oder gar verkochte Nudeln gehören von nun an der Vergangenheit an oder man darf sich nicht mehr als Pasta-Liebhaber oder Nudel-Freund bezeichnen!

Und damit auch Sie in Zukunft ihre Nudeln richtig kochen, auf den nächsten Seiten die Anleitung dafür:

Wie man Pasta/Teigwaren richtig kocht!

Fast alle Teigwaren müssen in reichlich sprudelndem Salzwasser gegart werden – Ausnahmen bestätigen auch hier die Regel und sind im jeweiligen Rezept vermerkt.

Man rechnet mindestens 1 l Wasser für 100 g Teigwaren. Weil die Teigwaren beim Kochen Stärke ausscheiden, ist das Verhältnis von Wasser und Pasta-Menge von Bedeutung. Wenn nämlich zuwenig Wasser im Topf ist, macht die Stärke das Wasser klebrig und die Teigwaren können nicht richtig garen.

Daher sollte man auch in Gasthäusern, welche über große Nudel-Töpfe oder gar Nudel-Kochgeräte verfügen, das Kochwasser möglichst oft erneuern.

Ebenfalls wichtig ist, dass der Topf groß genug ist. Die Teigwaren brauchen beim Garen Bewegungsfreiheit, damit sie nicht zusammenkleben!

Das mit dem Salz ist eines der größten Probleme für die meisten Menschen. Ich habe tatsächlich oft beobachten können, dass Hausfrauen ihre Spaghetti in vollkommen ungesalzenem Wasser gekocht haben – natürlich obendrein auch noch viel zu weich!

Wir geben dem Kochwasser der Teigwaren also Salz bei – und zwar immer und ausnahmslos. Auch bei süßen Nudelvarianten oder süß gefüllten Teigtaschen. Doch die Dosis ist das Maß aller Dinge.

Eine gängige Faustformel lautet: 1 TL Salz pro Liter Kochwasser. Doch was für einen Teelöffel? Einen großen oder kleineren, einen gehäuften oder gestrichenen? Sie sehen, diese Maßeinheit funktioniert nicht genau.

Es hängt von der Art der Pasta ab, wieviel Salz das Kochwasser benötigt.

Es hängt von der Art der Pasta/ Teigware ab, wie viel Salz das Kochwasser benötigt. Gekaufte Hartweizengrieß-Pasta (Spaghetti, Farfalle, Penne etc.) enthält meist kein Salz, weshalb das Nudelwasser gut gesalzen werden muss. Das heißt: man braucht (mindestens) einen großen gehäuften Teelöffel Salz pro Liter Kochwasser. Frisch gemachte Eier-Teigwaren (Spätzle, Nudeln etc.) hingegen enthalten meist bereits Salz im Teig, weshalb das Kochwasser nicht so stark gesalzen werden muss und ein „leicht gesalzenes Wasser“ ausreichen kann. Hier gibt es leider kein Patentrezept, das ist schlicht und einfach Erfahrungssache. Eines steht aber fest:

Pasta aus zu schwach (oder gar nicht) gesalzenem Kochwasser schmeckt nach überhaupt nichts!

Das Salz kommt immer erst kurz vor den Nudeln in das kochende(!) Wasser, denn wenn man vorher salzt, kann das Wasser länger brauchen, um heiß zu werden. Ich persönlich arbeite gerne mit einem mittelgroben Meersalz (ausschließlich Top-Qualitäten aus Italien und Frankreich), das gibt der Pasta einen guten Geschmack. Steinsalz hingegen ist oftmals zu geschmacksarm und deswegen nicht zu empfehlen.

Das Salz immer erst kurz vor den Nudeln in das kochende Wasser geben.

Hinweis: Gerade bei wenigen, einfachen Zutaten ist es kompromisslos wichtig, dass nur mit den besten Produkten mit größtmöglicher Sorgfalt gearbeitet wird.

Ein weit verbreiteter Irrtum ist das Hinzugeben von Öl. Geben Sie niemals Öl ins Nudelwasser, auch dann nicht, wenn Sie in irgendwelchen Hausfrauenzeitschriften davon gelesen haben sollten, dass die Nudeln in Kochwasser mit Öl weniger schäumen.

Sollten die Nudeln aufschäumen, genügt es, auf den Schaum zu pusten oder einen Schluck kaltes Wasser hinzuzugeben. Der Profi gibt kein Öl ins Nudelwasser, und das hat einen guten Grund: das Öl würde an der Teigware haften bleiben und somit verhindern, dass die Sauce an der Nudel haften bleibt.

Der Profi gibt kein Öl ins Nudelwasser.

Die Nudeln werden, sollen sie einfach natur genossen werden, nach dem Kochen mit Öl benetzt, damit sie nicht zusammenkleben! Andere Techniken wären das „in zerlassener Butter Schwenken“ oder das „in Schmalz Schmälzen“.

Orecchiette

Aber es gibt auch hier – wie beinahe immer – Ausnahmen. Da ist an erster Stelle die Lasagne mit ihren großen Blättern zu nennen, für die man schon etwas Öl ins Kochwasser gibt, um ein all zu leichtes Zusammenkleben zu verhindern. Auch für spezielle große Tortellini gibt man ein Stück Butter zum Kochwasser, einerseits, um ein Zusammenkleben zu verhindern, andererseits, um den Geschmack etwas zu verfeinern. In beiden Fällen gilt: weniger ist mehr – also bitte bei Öl und Butter im Kochwasser nicht zu großzügig sein!

Versuchen Sie die Nudeln sanft aus den Händen ins Wasser gleiten zu lassen und nicht haufenweise hineinzugeben, weil sie dann leichter zusammenkleben würden. Schieben Sie lange Büschel langsam ins Wasser, denn wenn Sie die gesamten Nudeln auf einmal haufenweise ins kochende Wasser geben würden, können sie beim Kochen leichter zusammenkleben.

Nicht alle Teigwaren werden gekocht!

Das Kochen von Teigwaren ist nicht schwierig, verlangt aber ein Wissen um die richtigen Garzeiten. Grundsätzlich gibt es derer in Italien drei. Aber: nicht alle Teigwaren werden gekocht, viele Varianten lässt man auch nur sieden oder gar nur gar ziehen und die sogenannten Glasnudeln werden überhaupt nur in lauwarmem Wasser eingeweicht. Hier aber zunächst einmal unsere europäischen Garpunkte mit den italienischen Fachbegriffen:

„fujenni“: bedeutet soviel wie „halbgar“, in Neapel versteht man darunter eine Pasta, die wirklich nur halbgar gekocht worden ist und daher einen besonders spürbaren „Biss“ hat.
„al dente“: die Nudel ist außen zart, bietet den Zähnen aber noch einen spürbaren Widerstand, der Kern der Nudel ist – je nach Wunsch – gerade gegart oder noch roh
„normale“: die nördlich der Alpen populärste Art, Nudeln zu essen, außen ist die Nudel samtig weich, im Kern gegart; die Nudel hat kaum mehr spürbaren Biss, ist aber noch nicht vollends weichgekocht

Ich habe von vielen schlecht informierten Köchen gehört, dass man frische Pasta nicht „al dente“ kochen könne – welch ein Unsinn, natürlich geht das. Man muss nur den richtigen Garpunkt erwischen. Dazu später mehr.

Kochen von getrockneter Hartweizengrieß-Pasta

Wenn sich die gesamten Teigwaren im Kochwasser befinden, legen Sie zunächst einen Deckel auf, um das Wasser möglichst schnell wieder zum Kochen zu bringen. Danach den Deckel abnehmen und die Pasta mit einer großen Gabel auflockern. Die Pasta nach vorgeschriebener Kochzeit „fujenni“, „al dente“ oder „normale“ kochen.

Kochen von frischen Eierteigwaren (z. B. Bandnudeln)

Frische Eierteigwaren müssen höchst unterschiedlich behandelt werden, denn es hängt vom Teig ab, ob man die Nudeln kocht, siedet oder nur garziehen lässt.

Frische Eierteigwaren müssen höchst unterschiedlich behandelt werden.

> Grundsätzlich kann man festhalten, dass getrocknete Pasta gekocht wird, genauso wie frische Tagliatelle, Bandnudeln und ähnliche Pasta aus stabilem, festem Teig.

Bei Spätzle, Nockerln und anderen Teigwaren aus eher zähflüssigen Teigen sollte das Wasser nicht sprudelnd kochen, sondern knapp unter dem Siedepunkt sieden.
Teigtaschen wie Kasnudeln, Ravioli, Tortellini u.a. müssen vorsichtig gargezogen werden, damit sie sich nicht öffnen und man die Füllung im Kochwasser hat.

Hinweis: in den meisten Rezepten habe ich – wenn notwendig – angegeben, wie die jeweilige Teigware im Speziellen zu garen ist.

> Eine ganz wichtige Rolle spielt die bereits angesprochene Zeit. Bereits eine halbe Minute mehr oder weniger kann einen gewaltigen Einfluss auf die Qualität der Teigware und damit letztlich auch des Gerichtes haben. Was nützt die beste Sauce, wenn die Teigware kaputtgekocht wurde?

Bei italienischer Hartweizengrieß-Pasta ist im Regelfall die Kochzeit angegeben, und die ist in den meisten Fällen auch „richtig". Bei eigens erzeugter Ware ist diese herauszufinden, und da stellt sich das Problem,

Spaghetti alio dio e peperoncino

Bei im Handel angebotenen Teigwaren ist die Kochzeit meist angegeben.

dass viele Direktvermarkter einfach irgendwelche „Phantasie-Kochzeiten" auf die Packung schreiben. Ursache dafür ist, dass viele bäuerliche Produzenten in nördlichen Breiten einfach keine Ahnung haben, wie man Teigwaren richtig kocht. Sie machen das oft so, wie die Mütter und Großmütter: sie kochen die Teigwaren weich bis zum geht nicht mehr, schauen nur ungenau auf die Uhr und schreiben dann irgendeinen Unsinn auf die Packung. Das lohnt die Mühe, Teigwaren selbst herzustellen, nicht!

Hinweis: Wenn man sich unsicher ist, wie lange das Produkt kochen soll, dann ist es besser, gar nichts auf die Packung zu schreiben, bevor etwas „Falsches" angegeben wird.

Tipp

Probieren Sie bei neu entwickelten Produkten alle 30 Sekunden den Garzustand der kochenden Teigware. So können Sie ungefähr feststellen, wie weit die Nudel ist. Dafür muss man aber wissen, wie sich der richtige Garpunkt im Mund anfühlen soll und in welchem Garzustand die Teigware am besten schmeckt.

Wenn die Teigwaren fertig gekocht sind, eine Tasse kaltes Wasser hinzufügen, um den Kochvorgang zu unterbrechen.

Wenn die Teigwaren nun den richtigen Garpunkt erreicht haben und gar sind, den Topf vom Herd nehmen und eine große Tasse kaltes Wasser hinzufügen, um den Kochvorgang zu unterbrechen. Eine halbe Minute warten, dann die Pasta abgießen.

Achtung

Pasta wird niemals unter fließendem Wasser abgespült, weil dadurch der Geschmack und die Nährstoffe herausgeschwemmt werden. Auch haftet die Sauce an warmen Nudeln viel besser als an kalten.

Wenn Sie Teigwaren für Aufläufe etc. brauchen, dann kochen Sie diese nicht ganz gar, damit sie im Backofen nicht zu weich werden. Wenn Sie z. B. Spätzle konservieren wollen, dann ist es besser, die abgetropften Teigwaren im Kühlhaus „abzuschrecken" und dann portioniert in den Kühlschrank zu geben oder einzufrieren.

Ein Teil des Kochwassers kann benutzt werden, um die Sauce zu verdünnen.

Ein Teil des Kochwassers sollte aufbewahrt werden, weil man es dazu benutzen kann, die Sauce zu verdünnen, falls dies notwendig sein sollte. Frisch abgegossene Pasta saugt nämlich (wenn sie gute Qualität hat) weiterhin Feuchtigkeit auf, so dass eine Sauce, welche vorher nicht einmal eine gute Konsistenz hatte, plötzlich zu dick und pappig werden kann.

Achtung

Die Sauce muss fertig sein, bevor die Pasta gekocht wird!

Und jetzt kommt das Entscheidende: die Vereinigung!
Spaghetti beispielsweise werden nur lose abgetropft und noch etwas nass in die heiße fertige(!) Sauce gegeben. Und zwar nur soviel, wie es braucht, dass die Nudeln mit einem feinen Saucenfilm komplett überzogen sind – nicht mehr, nicht weniger. Dann korrigiert man evt. die Konsistenz der Sauce mit etwas Kochwasser von den Nudeln – das ist aber meist gar nicht notwendig. Nach dem Vermischen kann man etwas Pfeffer oder geriebenen Käse dazu geben und schließlich wird die Pasta dekorativ auf Tellern angerichtet. Nicht einfach gehäuft, sondern schön appetitlich auf eine große Gabel aufgedreht und im vorgewärmten Pastateller angerichtet. Mit z. B. ein paar Kräutern ausgarnieren und servieren – die Gäste warten auf die Nudeln, nicht die Nudeln auf die Gäste!

Tagliatelle lässt man gut abtropfen und schwenkt sie anschließend in einer Pfanne in brauner Butter; etwas Pfeffer aus der Mühle, eine Prise Salz und ein Hauch von Muskat sorgen für Würze. Wer mag, gibt noch einen Schuss Obers dazu, wer die Pasta cremig wünscht, einen kleinen Schöpfer Kochwasser. Dann richtet man sie am Teller an und hobelt soviel frische Trüffel darüber, wie man sich leisten kann!

Tajarin mit Trüffelsauce

Noch ein Beispiel gefällig: Vorgewärmte Teller mit jeweils zwei bis drei Scheiben Prosciutto (z .B. San Daniele) auslegen, eine schöne Portion frisch zubereitete Fagottini (vorzugsweise mit Schinkenfüllung) darauf geben und das Ganze mit Salbeibutter nappiert auftischen. So macht das Ganze richtig Spaß! (siehe Seite 98)

Achtung

Auch wenn für die meisten „Spaghetti and Meatballs“ (aus der Dose!) vertilgenden Amerikaner auch die Nudeln zum alltäglichen Fast-Food zählen, so sollte dies nicht für uns Europäer gelten!

Die richtige Sauce für jede Pasta!

Wer kennt sie nicht, die berühmten Spaghetti bolognese, welche im Volksmund auch als „Pastaschutta“ bekannt sind. Bei kaum einem Pasta-Gericht werden aber mehr Fehler gemacht als bei diesem.

Oft wird zuviel Sauce zur Teigware gegeben.

Meist sind die Teigwaren zu weich gekocht, oftmals wurde die Sauce schlampig zubereitet und nicht über Stunden langsam gegart. Viel zu oft wird viel zu viel Sauce zu den Teigwaren gegeben, das ist vielleicht gut gemeint, aber sinnlos.

Spaghetti harmonieren mit Fleischsaucen nicht wirklich gut. Klassisch serviert man das Bologneser-Ragout auch mit Tagliatelle und nicht mit Spaghetti.

Die Kombinationsmöglichkeiten mögen nahezu unbegrenzt sein, doch gibt es einige Richtlinien, wie sich Geschmack und Konsistenz der verschiedenen Pastasorten optimal mit den verschiedenen Saucen verbinden lassen.

Wenn man Eierteigwaren mit gehaltvollen Saucen auf Fleisch-, Butter- und Obers-Basis kombiniert, kann man kaum falsch liegen. Normale Pasta aus Hartweizengrieß ohne Ei schmeckt immer mit Tomatensaucen, Olivenöl und Knoblauch, mit geriebenem Käse und Pfeffer, Kräutersaucen und ähnlichen „leichten“ Saucen.

Zutaten wie beispielsweise Tomaten, Pancetta, Speck und Parmesan sind als neutral zu betrachten, weil sie eigentlich mit allen Teigwaren harmonieren.

Hier eine allgemein gültige Richtlinie:

1. Dünne Eiernudeln wie Tagliolini werden meist in Butter geschwenkt und einfach nur mit Trüffel oder Parmesan aufgetischt. Aber auch mit leichten, frischen Tomatensaucen kann man sie servieren.
2. Dicke Bandnudeln und Tagliatelle schmecken besonders gut mit aromatischen Saucen aus schwarzen Oliven, Pilzen, Sahne, Käse, Wild, Schinken oder Fleisch. Der unbesiegbare Klassiker: Tagliatelle alla Bolognese!
3. Lange, flache, getrocknete Pasta (wie z. B. Linguine) passen perfekt zu Saucen aus Fisch, Meeresfrüchten und/oder Tomaten.
4. Lange Nudeln (wie Spaghetti) schmecken am besten mit schlichten frischen Tomatensaucen, aber auch mit Olivenöl, Knoblauch, Pfefferoni, Kräutern, Sardellen, gerösteten Bröseln oder nur Käse! Es ist die klassische „pasta asciutta“, die trockene Pasta; d.h. nur soviel Sauce zu den Nudeln geben, wie die Nudeln gerade aufnehmen können.
5. Alle Arten von Röhrennudeln passen gut zu aromatischen, lang gekochten Tomatensaucen und verschiedenen Ragouts.
6. Kurze Formnudeln (wie Orecchiette) schmecken sehr gut mit Gemüsesaucen oder Artischocken. Sehr gut schmecken sie auch mit in Fett gerösteten Semmelbröseln und Anchovis.
7. Kurze und/oder flache Nudeln (wie Farfalle, Penne etc.) schmecken hervorragend mit Saucen auf Tomaten- oder Sahnebasis. Aber auch mit Brokkoli, Blumenkohl und anderen Gemüsen.
8. Fleckerln harmonieren mit Schinken, geröstetem Gemüse (Zwiebeln, Kraut etc.) oder schmecken als Auflauf.
9. Maltagliati – also schlecht geschnittene Nudeln – passen perfekt zu kraftvollen Weinsaucen.
10. Gefüllte Teigtaschen und Pasta benötigen eigentlich nur ganz einfache Saucen wie Bratensaft, Butter mit Salbei, eine leichte Tomatensauce oder eine Butter-Sahne-Sauce.

Und jetzt wünsche ich Ihnen viel Spaß bei der Zubereitung Ihrer eigenen Teigwaren und einen guten Appetit!

2. Band (Teigwaren selbst gemacht) werden dann die Nudeln Asiens sowie Nudeln aus besonderen Mehlen (z. B. Soja, Kichererbsenmeh, glutenfreie Mehle, etc.) vorgestellt. Außerdem werden molekulare Techniken und kreatives Arbeiten besprochen.

Folgenden Firmen und Personen gebührt Dank für die freundliche Unterstützung bei den Fotoarbeiten:

SELA Teigwarengeräte GmbH
Auf der Steige 40
88326 Aulendorf
www.sela-gmbh.de

ALLES KUECHE
Hauptplatz 9
2301 Großenzersdorf
www.alleskueche.com

MOOSALM
Reinhard Tiefenbacher
Schloßberg 24
9900 Lienz, Austria
www.moosalm.info

GASTHOF LIEGL
St. Peter 2
9313 St. Georgen
www.gasthof-liegl.at

GASTHAUS HUDL FRIEDA
Juenna Hudl Frieda
9142 Globasnitz 55
Tel.: 04230/ 212

MOARSEPP
Gerti Fuchs
Pötinf 12
4941 Andrichsfurt
07750 33020

Detailliertes Rezeptregister